「私を怒らせる人」がいなくなる本

臨床心理士
園田雅代
Masayo Sonoda

青春出版社

はじめに――「怒り」をためて、モヤモヤしていませんか？

●「また今日も言えなかった…」自己表現に苦手意識がある人へ

誰かに「カチン！」とくることを言われたときや、不快なことをされたとき、怒りにまかせて「それ、やめてほしい」と言いたいけど、言えなくて、悶々《もんもん》としたことはありませんか？

私たちは日々、言葉を使ってコミュニケーションして暮らしていますから、お互いを理解し合うためにも、「話す」という行為は欠かせません。

けれども、**自分の言いたいことをそれにふさわしい言葉で相手に伝える**のは、なかなか難しいうえに、そこに「怒り」という感情がからむと、ますます困難さが増すようです。

●大人なのだから、怒ってはいけない。
●言葉に出してしまうと、自分がよけいに怒ってしまいそう。
●相手を傷つけてしまいそう。
●よけいにひどいことをされそうで恐ろしい。
●だから怒りの表現は極力、避けるべきだ。
●でも、自分が黙っているせいか、ますます相手から同じようなことを繰り返され、じわじわと不快感がたまっていく……。

そんな場面で役立てたいのが、**「アサーション」**です。

アサーションとは、1950年代にアメリカで生まれた心理療法や心理的教育の一種であり、日本でもさまざまな場面で活用されています。

「自分も相手も大切にする自己表現」ともいわれ、**自分の言いたいことをわかりやすく相手に伝え、それをきっかけに、お互いにより良い関係をつくっていこうとする**手法です。

このアサーションの方法は、職場や家庭など、日常のコミュニケーションにおけるいろんな場面で活用できますが、本書ではとくに「自分の怒りをコントロールできない場面」に焦点をあててご紹介していきます。

●「どうでもいいことにイライラ」…それは、GOODサインです！

人間のさまざまな感情のなかで、「喜び」や「楽しみ」「悲しみ」といったものに比べて、「怒り」というものは、扱いがひときわやっかいな感情なのではないでしょうか。

ほかの諸外国に比べても、とくに日本文化では「怒りを露《あら》わにしてはいけない」と思っている人がとても多いです（ほかでもない、私自身もアサーションに出会うまでは、怒りについてそのような考えをしていた一人でした）。

また、表現だけでなく、「怒りを感じることさえ許されない」と禁じている人も少なくありません。「怒りを感じないほうが人として望ましく、人間の格が上」といった考えを抱いている人も多いようです。

ところが、**アサーションでは怒りを悪いこととは捉えず、むしろ、怒りの感情そのものは「いいこと」と捉えます。**

そして、怒りを表現してＯＫともみなします。

そう聞いて、

「えっ、そうなの⁉」

「怒りを表現する⁉　そんなことしていいのか？」

「よけいにひどいことになるのでは⁉」

と、抵抗感を抱く人も多いことでしょう。

実際、私がアサーション・トレーニングの講座で怒りの気持ちを取り上げるときは、まず、

◎私たち人間は、怒りの気持ちを持っていい

◎それを表現したいときには、相手に向かって表現してもいい

ということを冒頭に骨子として伝えるのですが、参加者の表情が「えっ⁉」と一変。緊張や動揺、時には抵抗感がリアルに伝わってきます。いわば、その場が瞬時にして〝波立つ〟といった印象です。

それは、講座が社会人のため、学生のため、あるいは教師・保育者・看護職・心理職など対人援助職に従事している方々のためであっても、さほど変わりありません。

より良い人間関係をつくるうえで大事なのは、怒りをただ我慢することではなく、**怒りの伝え方**なのです。

本書では、自分の気持ちも相手の気持ちも大切にしながら、怒りを伝えていく、その伝え方のコツを教えます。

プチ診断 自分の言いたいこと、言えていますか？

●公共の場での迷惑行為、どう対処する？

ちょっと想像してみてください。

あなたはいま、新幹線の指定席に乗っています。

次の駅で、４人組が乗ってきて隣のボックスに座り、大声でぺちゃくちゃと会話し始めました。

それまでは静かだったのに、その集団だけが車内じゅうに響くような大声で話しまくっています。

しゃべっている内容が丸聞こえで、かなり下品な話題も含まれています。

あなたは、「なんだか、嫌だなあ……」と感じてきました。

5分ほど経ちましたが、集団はまだ騒いでいます。
あなたは、だんだん怒りがわいてきて「静かにしてほしいけど、やめてくれない。ひどい人たち。新幹線というものは、公共の場なのに……。許せない！」と爆発寸前です。

そんなとき、どう対処しますか？
3択です。いちばん自分に当てはまるものを選んでみてください。

①集団のほうに向かって直接、「うるさい！　黙れ！」とか言って注意する。
②「静かにしてくれ」と念を込めながら、集団のほうをじっと横目で睨《にら》む。
③注意したとして、逆に反発されるのがこわいから、何も言えない。
耳栓したり、イヤホンをつけて音楽を聴いたりして、なんとかやりすごそうとする。

●プチ診断の結果：あなたは何タイプ？

いかがでしたか？

「調和」を重んじる日本人の場合、①のようにストレートに怒りをあらわすタイプの人は少ないかもしれません。

どちらかというと②や③のように、相手に言いたいことがあるけど言えなくて、怒りをためこむようなタイプが多いように思います。

じつは私も、もともとは③タイプでした。心のどこかで不快感や不満を抱えていても我慢しがちで、そんな自分に悩んでいたのです。

2章でくわしくお伝えしますが、言いたいことがあるのに言えないで我慢していると、だんだん、相手へのモヤモヤ感が大きくなります。

そのうち、「あの人にはイライラさせられる」という思考に変わっていきます。

そして、イライラ感がふくらんでいき、ついには「許せない！」「やっつけてやる！」といった大きな怒りとなって、爆発しやすくなるのです。

そうなる前に、アサーションの方法を使って、言いたいことを言えるようになれたら理想的。たとえば、

④「お話の途中、失礼します。
みなさんの話し声がにぎやかすぎて、私は落ち着けない気分でいます。

もう少し、声を落としてお話してくださいませんか。

どうぞよろしくお願いいたします」


あくまで一例ですが、こんなかんじです。

この例文を見て「えっ、こんなこと、恐ろしくて言えるわけない」「我慢したほうがマシ」と思った方もいらっしゃるかもしれません。

もちろん、これが唯一絶対の正解というわけではありませんから、どうぞご安心を。

人によって、しっくりくる表現というのも異なりますから、自分が言いやすい表現を探してみてほしいと思います。

そうした自己表現の練習を通して、怒りをためこんだりせず、怒りの気持ちについても《言いたいことがちゃんと言える自分》になることを、本書では目指していきます。

CONTENTS
目次

1章 なぜ「怒り」という感情は嫌われものになったのか？

2章 怒りのメカニズムがわかると自分にOKを出せる

3章 「怒ってはいけない」とずっと我慢してきた人へ

4章 自分も相手も大切にする、理想的な《さわやかさん》になるには

5章 こんなときどうする？

～街で、会社で、自宅で…シチュエーション別クイズ～

目次

6章 実践アサーション！
～気持ちを伝えるセリフは、こう組み立てる～

イラストレーション　高旗将雄
本文デザイン　浦郷和美
本文ＤＴＰ　森の印刷屋

1章

なぜ
「怒り」という感情は
嫌われものになったのか？

私たちが「怒り」を嫌うようになった理由

●街なかで、家庭で…人はどんなときに怒るのか

街に出ると、いろんなところで「怒っている人」を見かけます。

ちょっと思い浮かべてみてほしいのですが、駅ですれ違った人の体やカバンなどが当たって、「痛《いて》ぇなぁ！」と怒鳴る人。

ホームで駅員さんに暴言を吐く人。

電車内で赤ちゃんが泣いていたら、親御さんに怒鳴って注意する人。

優先席にいる人に対して「若いのに、優先席に座ってるんじゃない！」と居丈高《いたけだか》に叱る人、などなど。

電車というシチュエーションだけでもこれだけ思い浮かびます。こういう光景に遭遇すると、見ているだけで嫌悪感がわいてくる人も多いでしょう。

このあいだ、私が電車に乗っていたら、ベビーカーに乗せられた幼児が大泣きしていたんです。

すると、「こんな混んでるときに、赤ちゃんを連れてくるなんて、無神経よね」と話す声が聞こえてきました。女性の声でした。

本人は小さな声で言ったつもりかもしれませんが、その声は静かな車両じゅうに響いていて、私は「嫌だなあ」と思いました。

ほかにも、ファミリーレストランやスーパー、コンビニで、店員さんに対して執拗《しつよう》にクレームを入れるお客さんがいたり、ショッピングセンターで走り回っている子どもに、大人が叩いて注意したり……。

右に挙げたのは、いずれも「怒り」が「攻撃」や「支配」という形で出てしまった例です。

このように**攻撃的に怒りを出す多くの姿から、「怒りを外に出すのはいけないこと」というイメージを、私たちは持ってしまうのではないでしょうか。**

●「怒り＝攻撃的、支配的」というイメージの植え付け

私たちは子どもの頃、「はい、日本語を覚えなさい」とか命令されたわけでもないのに、見よう見まねで、日本語をしゃべりなさい」「ほら、日本語を話したり読み書きしたりできるようになりますね。

親や周りの大人たちがしゃべっている様子や、テレビや絵本などのいろんなメディアを通して、モデルを見て取り入れているからだと思います。「ああ、いいな」と思う間もなく、自然と真似をして、日本語を使えるようになるのです。

そういう点では、子どもにとって親の存在は大きい。あるいは、幼稚園、保育園、小・中学校の先生も影響が大きいです。子どもたちは、好きな先生の真似をすぐに実行したりしますからね。

「怒り」という感情についても、本来なら幼少期などに、身近な大人たちの「いいモデル」を見ることができていればいいのですが、これが難しい。公共の場だけでなく、より身近な「家庭」のなかを振り返ってみても、「怒り＝攻撃」という図式が見えて

きます。

家庭でも、お互いに意見が違ったとき、多くの人は攻撃的になることで自分の意見を通そうとしがちです。

たとえば、ある夫婦の会話。お母さんがお父さんに向かって「あなたって全然、家事をやってない！」と怒っている。それに対して、「やってるじゃないか、ゴミ出しとか！」「ゴミ出しなんて、家事じゃないわ！　それに、あなたは子どもの教育に熱心じゃない！」「うるさいなぁ。俺は、仕事で忙しいんだ！」と口論が続く。

そこにおじいちゃん、おばあちゃんが加わって、「孫のしつけがどうのこうの……」という話になり、お母さんが「口出ししないでください！　私は一生懸命やってます！」と反論し……。

そういうふうに家族が「攻撃」という形で怒りを出し合っていると、子どもたちは往々にして、「ここに、いたくない」と感じます。

ある小学生は、家庭内で大人たちが攻撃的に怒りはじめると、自分の部屋に移動したり、ちょっと深刻なときは、家族の声を聞くのが嫌だから耳栓をしてゲームをしたりするそうです。

そんななか、ドアを「バタン！」と閉めて、お父さんが出て行く。そして、酒を飲んで帰ってくる、など……。

これはほんの一例で、**子どもたちの多くは、物心がついて以来、「怒りは攻撃的に出すもの」というモデルしか見たことがなく、ほかは印象に残っていない**ことも。

大人たちが口論したときの理想的な展開としては、「よくコミュニケーションして、折り合いがちゃんとついたね」とか、「みんな、本音を出して、しっかりと話し合えてよかったね」とか、できたら最後に仲直りして「ああ、よかった」と感じられること。

そうすれば、幼少期に「怒ってもいいんだ」と家庭のなかや外で学べるのですが、そんな解決の場面を見たことがある人って、本当に少ないでしょう。

●「怒り＝攻撃」だから、タブー視される

「怒りを外に出してもいいんだ」とか、「なるほど、こういうふうに出すと、お互いに気持ちの良い理解ができるんだ」という体験がない。そうした背景があれば、**私たちのなかで、怒りがタブー視されてしまうのは当然**と思います。

一方、怒り以外のコミュニケーションであれば、さわやかなシーンもすぐに思い浮かぶはず。

たとえば、お互いに「ありがとう」と言い合って感謝を伝え合う。「こんにちは」と挨拶したら、相手もにっこりして「こんにちは」と返してくる。そういうモデルなら、家庭でも公共の場でも、たくさん見ることができます。

けれど、「怒り」を出し合うコミュニケーションとなると、残念ながら、さわやかなモデルがほとんどないのが実情というわけです。

●「嫌だなあ」という気持ちを抑え込んできた幼少期

私自身も、まさにそうでした。

それには、母親や祖父からの影響が大きかったのです。

子どもの頃、母親に対して納得がいかないことがあって文句を言うと、「そんなことを言ってママを困らせないで」と泣かれることがあり、自分の「怒り」は出してはいけないのだと感じていました。

父は私が3歳のときに病気で亡くなり、いつの頃からか「私が母を守らなければ」と思うようになっていたので、けっこう幼い頃から「母を困らせちゃいけない」「母を攻撃してはいけない」と考えていました。

また、祖父が父親代わりとなって教育やしつけに口を出し、「人間として心を大きく持て。人に怒ったりせず、人を許すことができる寛容さがないとダメだ」などと道徳的なことを折々、言ってきていました。

いまでもよく覚えていることは、小学校時代のあるエピソード。私の友人について母から「〇〇ちゃんと、あんまり遊ばないほうがいいわね」と言われたのです。友人の身なりが少し汚いとか、言葉遣いが少し乱暴といった点が、母は気に入らなかったようなのですが、私はその友人を好きだったので家に遊びに来てもらったりしていました。

でも、あるとき突然、そう言われたので「どうして？」と聞くと、母は「○○ちゃんと遊んでいると、あなたもちょっと汚くなりそう」と。

それがすごく嫌で、「そんなことを言うなんて信じられない。許せない」と反論しました。いまから思うと正当な怒りです。それでも母から「あなたを思って言うのよ」と諭されるように言われると、もう何も返せませんでした。

祖父からは「母親が不用意なことを言ったりしても、そういうことを許すぐらいの心を持っていないといけない」と言われたりもして、よけいに「怒り」を出してはいけない、という思いが私のなかで強くなっていったのです。

学校の先生からの影響もあります。小学校のときのある先生は、体育の教師で、休み時間になると「ほら、晴れてるぞ。みんな遊びに行け」と言う。けれど私はその頃、本に夢中だったので、休み時間こそ本を読んでいたい。授業中は我慢しているんだから休み時間になったらすぐ読みたい。それなのに先生から「ほらほら、遊びに行け」と急《せ》かされる。しょうがないから外に出て本を読んでいると、先生がやってきて「本など読まずに、元気よく遊べ」と言う。

あるとき「先生、私は本を読んでいたいから、外へ行けとか何度も言わないでくださ い」と言うことができたのですが、それ以降は、体育の時間になると先生から嫌がらせ（？）を受けるようになりました。鉄棒や跳び箱ができない私は、クラスメイトのみんなの前で「悪いお手本」として行うように言われ、どこがまずいかを先生は級友に言わせるようにしたのです。

家に帰ってから母に「こんなことがあった」「とっても嫌だ」と怒って報告すると、母は「先生のことを悪く言ってはいけない。すごく失礼。先生の言うことは守らなきゃいけない。いい子でいなさい」といったことを言う。それもまた嫌でした。傷口に塩パターンです。そして、その先生に対しても自分の本心は出せなくなりました。

そんなこんなで、いつの頃からか私は、「怒りは感じてはいけない」と思い込んでいた。でも、内心は「嫌だなあ……」と感じていた。「頭にきた」と思うことはあっても「それを出しちゃいけない」と思い、だいたいいつも抑え込んでいたのです。子ども時代に埋め込まれる負の感情の典型かもしれません。

子どもの頃からそんなかんじで過ごしていると、誰にとっても、「怒り」の取り扱い方は難しくなる一方です。

かといって、大人になったから「怒り」をうまく取り扱えるようになるかといっても、それを学ぶチャンスや場がない。ないとやっぱり難しい。

ここ数年、アンガーマネジメント（怒りの感情と上手に付き合うための心理教育、心理トレーニング）がブームになっていることからもわかるように、怒りをうまく表現できず、それで困っていて解決策を求める人が多いのは、ある意味、当然のことだろうと思います。

「怒り」の取り扱い方がうまくいかないと…

●我慢し続けた「怒り」から、心身を壊す

「怒り」をうまく表現できないでため込んでいると、すごくストレスになります。『徒然草』に「物言わぬは腹ふくるるわざなり」とあるように、思ったことが言えないと腹が立ってくる、というのは昔の人も言っていた法則のようです。

それでは、「怒り」の取り扱い方がうまくいかないと、どうなるか。

よくあるケースを4パターンに分けると、1つめは**「心身の調子がくずれる」**。

たとえば、日ごろ「夫が私に対して、ありがとうと言ってくれない」「妻にちゃんと話を聞いてほしいのに、聞いてくれない」「恋人にもっと大事にされたい」「自分にばかり仕事を押し付けるな」「しっかり休みを取らせてほしいのに、こきつかうばか

り」といった、モヤモヤとした不満があるとします。

それをうまく自分でキャッチして、相手に伝えられたらいいのですが、それができない。なんとなく「嫌だなあ」と感じたまま、無理に気持ちを押し殺し、自分の内側にためこんでいる。それが長期間続くと、ついには心身の調子が悪くなることがあります。

たとえば職場の人間関係にずっと悩んでいる人が、朝、職場に行こうとすると頭痛がする、吐き気がする、お腹の具合が悪くなってトイレに何度も行かないといけない、など。

こういったことは子どもの不登校でもよくあり、学校に行こうとすると、熱が出たり、お腹が痛くなったりする。最初は体の不調かと思って小児科で診てもらうのですが、どこも悪くないと言われる。それで原因を探っていくと、たとえば学校で嫌な目にあわされたりしていて、それを言葉で表現できずにいた、と判明するようなことがあります。

2つめに、**「気力やエネルギーがどんどん失われていく」**こともあります。精神科医のL・P・フランケルは「内向した怒りは、人をうつにさせやすい」と言っています。

あらわれ方はさまざまですが、無気力になったり、うつ的になったり、時には自分の感情がわからなくなる「失感情症（アレキシサイミア）」に近い状態になる場合もあります。

恨みがましい思いで悶々《もんもん》としている状態で過ごすことは、本当に、気力も体力も消耗することなのです。

●我慢して、我慢して、突然、バン！　と弾ける

よくあるケース、3つめのパターンは**「キレる」**。ずっと怒りをためこんでいた反動で、外に出すときは爆発してしまうのです。

そして、キレたあとに「みんなからどう思われただろう」と自分でも恥ずかしくなったり、あさましい気持ちになって自己嫌悪したりする。

それでまた「怒り」をあらわせずに、ためこむ時期が続き、また「怒り」が閾値《いきち》

我慢して我慢して…突然、キレる

（一定の量）を超えると、爆発してキレる、を繰り返すといったパターンも、けっこう多いものです。

●「怒り」が第三者に向かう

そして4つめが**「八つ当たり」**です。

最初は、家族なり職場の上司なりに対して、怒りを抱えていた、とします。でも、それを表現できずに、ためこんでいる。そんな状態で生活していると、もともとの怒りの対象とは全然関係のない第三者（たとえば、駅員さんや店員さん）のちょっとしたことが気に障《さわ》り、暴言、暴力をふるってしまうこともある。

子どもの「弱いものいじめ」にも、これはよくあるパターンです。親との関係がうまくいってない。本当はもっと自分をわかってほしいと思っているのに、親から嫌な目にあわされていたり、無視されていたりする。そこで、親に直接「怒り」や「満たされなさ」を表出するのでなく、クラスメイトをいじめてしまう、などです。

妻が夫に対する不満を手近な子どもにぶつけてしまう、というのもこの八つ当たりパターンです。どの例も**《自分より下の立場にいる、反撃してこなさそうな人》**に**攻撃が向いている**という点が共通していますね。

そしてこのパターンの場合も、八つ当たりがどんどんエスカレートするか、または、誰かを攻撃したあとは再度、ためこむか、になりがちです。

怒りの扱い方がうまくいかないときの結果として「心身の調子がくずれる」「キレる」「八つ当たり」などのパターンを挙げましたが、ブーメランのように「怒りを我慢する」⟷「キレる」と、いったりきたりする人もいます。

こうした悪循環が続いては、身が持ちませんね。

そもそも、なぜ怒りを抑えようとしているのかといえば、怒りをひたすら悪者扱いしているからではないでしょうか。

でも「怒り」そのものは、本来は悪いものではありません。

次章では、どうして怒りがわいてくるのか、そのメカニズムをお伝えします。

2章

怒りのメカニズムがわかると自分にOKを出せる

「怒り」が生まれる条件とは

●「欲求不満」と「おびえ」

キレる、八つ当たりする、といった攻撃的な怒りが生まれやすいタイミングの1つは、**「自分の欲求が満たされていないとき」**です。

たとえば、相手から約束を勝手に破られた。

大事にしているモノ・ことをないがしろにされた。

話を聞いてほしいのに、相手が聞いてくれない。

自分の誕生日には、プレゼントなり、気の利いたことをやってくれるかなと思いきや、何もしてくれなかった。あるいは、プレゼントが期待外れのものだった。

そんなとき、私たちは欲求不満を感じやすいでしょう。

そして、もう1つ、怒りが出やすいタイミングは、**「恐れやおびえ、脅威を感じる**

とき」。

たとえば、相手から大声で怒鳴られた。

怖いことをされた。

理不尽な要求を突き付けられた。

こういうとき、自分が脅かされたように感じます。

そして動物的な本能として、「おびえ」を感じると「戦うぞ！」と身構える習性があります。

たとえば、ニワトリは縄張り争いをするときにお互い向き合って、トサカを立て、自分の体を大きく見せます。また、犬同士が出会いがしらに吠《ほ》え合うように、どんな動物にも「威嚇《いかく》する」という習性があります。そこでおびえて逃げ出すと、縄張り争いは一挙に勝負あり、ですが、「負けるもんか！」と頑張って反撃する動物もいます。

こうして、欲求不満のとき、もしくは脅威を感じるときに「怒り」は生じやすく、それが攻撃になりやすい、といわれています。ある意味、自分の身を守るための攻撃でもあります。

●相手が「重要な存在」だからこそ、どうでもいいと思えない

さて、私たち人間において、こうした攻撃的な怒りが生まれやすいのは、とくに、相手が自分にとって、「重要な存在」である場合でしょう。

たとえば、家族や夫婦、恋人、友人、職場の上司や同僚、後輩、取引先など。

自分にとってどうでもいい人や、表面的な関わりでしのげる人ではなく、何らかの意味で重要な人だからこそ、

「相手に自分のことを理解してほしい」

「わかってほしい。認めてほしい」

「私が脅威を感じるようなことはしないでほしい」

「本当は相手ともっと良い関係をつくりたい」

といった願いが生まれやすいのです。

そして、重要な相手だからこそ、ややこしくなるともいえます。

なぜなら、関係や距離が近しいだけに、簡単に「怒り」は出せない、出してはいけ

ない、といっそう強く思い込みやすいからです。

さらに相手に「こうあるべきだ」「こうあってほしい」という願望や理想を押しつけて、実際はそれはかなわなかった、というときも「怒り」になりやすいですね。

たとえば「子どもは宿題をさっさとやるべきだ」とか「子どもは親の言うことに従うべき」とか「職場で、自分が忙しいときは同僚は手伝うべきだ」など。

それなのに思い通りにならないと、相手に対してがっかりして、「なぜやってくれないの！」と一挙にヒートアップしやすくなります。**他人に対して「○○すべきだ」と思っているのは、総じて、相手に過度に自分が期待しているときですから。**

そもそも、相手に期待すること自体は、ちっとも悪いことではありません。「仕事が忙しいから、手が空いてる同僚が手伝ってくれたらいいのに」とか「子どもに勉強してほしいなあ」「夫にゴミ出ししてほしい」などと期待することは、全然悪いことではないのです。

ところが、「○○するべきだ」という思い込みになると、そうしない相手のことがどうしても許せなくなります。

どうでもいい相手ではないから、欲求不満が生まれる。
どうでもいい相手ではないから、過度に期待する。
どうでもいい相手ではないから、一挙に怒りもヒートアップする。
これらのことはばらばらではなくて、全部つながっているのですね。

●欲求不満やおびえから生まれる「怒り」は、自然な感情

日ごろ、怒りを感じることそのものを否定していると、怒りをおぼえそうになったらすぐに、その気持ちを自分で打ち消してしまったりもします。
なかには、その打ち消しが、自分で意識しないうちに機械的におこなわれて、習性のようになっていることもあります。

どうでもいい相手ではないからこそ…

あるいは、怒りをおぼえたら「こんなことで怒るなんて、私らしくない」「怒るのはよくないことだった」と、その怒りを自分がこれ以上感じ取らないよう、意識的に打ち消しを試みることもありえます。

けれども、**怒りは、自分自身が欲求不満やおびえなどを感じていることを示してくれる貴重なサインです。怒りを感じたときは否定せず、「あ、いま、自分は怒っている」と、まずは素直に認めてほしいと思います。**

怒りは3段階で大きくなっていく

●最初は、ちっちゃな不快感だったのに…

これまで見てきた例にも多かったように、怒りといえば、「あるとき突然、キレる」というイメージが強いかもしれません。

ですが、じつは怒りには「3段階説」というものがあり、これは、人は何か嫌なことがあったとしても急にヒートアップして「許せない！　やっつけてやる〜!!」と突然、攻撃するわけではない、というものです。

その説によると、まず最初の段階では、**「嫌だなあ」「困るなあ」「迷惑だ……」「そういうのは、やめてほしいけど」**といったところからスタートする。

それで、そういう気持ちを表出できないでいると、だんだん怒りがふくらんで中くらい程度になって、**「腹立たしい」「イライラする」**という段階に入る。

そして、それらの感情も解消できずにいると、そのうちに**「あいつには、イライラさせられる」**といった感情に変わる、といわれています。

たとえば、1章で出てきた夫婦の例だと、家事をやらない夫への、妻の「嫌になっちゃう」という気持ちも、夫の「妻からヒステリックに言われて、嫌だなあ」と感じる気持ちも、当たり前で自然な、素直な気持ちです。

また、ある会社員が職場で「いつも○○さんは大声で怒鳴っている。あれは嫌だなあ」と感じる。こういうのも、自然な気持ちですよね。

でも、なかなか相手にそれらを伝えることは難しい。相手の変化をじりじり待っていても、相手は変わらない。そのうちに**「あいつには、イライラさせられる」**といった感情に変わっていくのです。

そこが、怒りの取り扱いの微妙なところ。

「嫌だなあ」「イライラしている」「いらだたしい」といった感情は、**もともとは自分の気持ち**ですよね。

それなのに、「怒り」の質的変化が徐々に起きて、「あいつには、イライラさせられる」に変わっていき、**「相手が自分にけしかけてくる」という認識**になっていきます。

この質的変化とは、もともとは自分自身の気持ちである「怒り」を、だんだん、わがものと思うことができなくなり、「相手のせい。だから相手がどうにかするべきだ」と相手を一方的に責めることを招きます。と同時に、「相手のせい。だから自分がどうこうできるわけはない」と、自分に対して投げやりにもなりやすい。

本来、怒りも含めて「自分の気持ちは自分のもの」なのですが、その点がどんどん曖昧《あいまい》になっていってしまうのです。

怒りのサイズが中くらいになって、さらにもっと大きくなると、「頭にくる！」「けしからん！」「あいつのせいだ。あいつがすべて問題だ！」「あいつが間違っている！」といったように、**「相手が悪い」とエスカレート**していきます。

講座などでアンケートをとり、《自分を怒らせる相手》に対してどんな思いがあるかをたずねると、

「激怒」

「はらわたが煮えくりかえる」

「呪いの藁《わら》人形」

「見るのも嫌」

「復讐してやる」

といったように、けっこう過激な表現が出てきますが、怒りをためこんでいればいるほど、表現が過激になってくるともいえます。

●他人のせいにできたら、ある意味、ラクになれる

怒りを心の奥底に抱えていると、イライラさせられる相手のいる場所には行きたくなくなります。本来は「自分の居場所」と思えていたような、安心できる場所をだんだんと失うことにもなりかねません。

ただし、この状態に達すると、皮肉にもメリットのようなものもあり、それは単純に、自分の気持ちが少しラクになるという点です。

怒りは「３段階」でふくらんでいく

「嫌だなあ」「そういうのは困る」「不愉快だ」などと、嫌な気持ちを自分が抱え持っていると自覚しているのは、とてもしんどいこと。「相手が悪い」「相手の問題」と他人のせいにしたほうが、気持ちがラクになれる一面もあるのです。

他人のせいにできたらラク、というのは、ネガティブな感情全般にいえることですが、怒りというものは、とくに、そういう思考になりやすい。

たとえば、職場で部長が怒鳴っているときに「部長が怒鳴るんだから、部長がいけない。私には部長を変えることはできないから、どうにもならない」とみなす。

あるいは、ゴミ出しを忘れたとき「たしかに自分も悪いかもしれないけど、妻があんなふうにヒステリックに、ギャアギャア言うのがいちばん悪い。女房があんなふうだから、こっちはやる気が起きないんだ。だから、やらない!」と考える。

こういうふうに他人のせいにしたほうが、自分に返ってこないぶん、気持ちをごまかせます。

そういうわけもあって、怒りのサイズが中くらいからさらに大きくなると「イライラさせられる。もう、自分にはどうしようもない」という、投げやりとも無力感ともいえる感情になってくるわけです。

「俺は悪くない、あいつのせいだ。あいつがヒステリックだからいけないんだ」

「私なんかには、なんにもできない。だって部長が、マジ気分屋で、超キレるんだもん。部長のせいだもん。だからこの職場は不愉快。部長が悪いのよ」

というふうに、「他人が悪いんだから私にはどうにもできない」ということで、無力感と同時に、ある意味、気楽にもなれるんですね。「自分がどうにかしなければ」と受け止めなくて済むからです。

●「全然、気にしない」は難しいから、しんどい

とはいえ、「相手のせいだからどうにもならない」「ああいうやつなんだから気にしない」と心底そのように思えるかというと、そうは思えない。**そこが、エスカレートして大きくなった「怒り」の、しんどいところです。**

「何なんだ、あいつは！　あいつが悪いんだから、あいつがどうにかすべきなのに！」

と思いながら、現実には《なんにもしない、あいつ》。

そこに、ずっと気持ちが引っ張られるし、相手のことがいつも気になるし、こちら

の期待通りに進まないことにますますイライラさせられる、という悪循環になっていきます。

以上が、「怒り」の3段階説です。

どこまでが「レベル1」で、次からは「レベル2」、ここからが「レベル3」……とわかりやすくステップ状になっているというより、「怒り（小）」「怒り（中）」「怒り（大）」といったかんじで、だんだん大きくなってふくれ上がっていくかんじです。

いつのまにかふくれ上がるからこそ、自分でもわけがわからないうちに、ずしーんと重苦しくなったり、対処不能に思えたりしがちですよね。

目立つ攻撃と、一見、目立たない攻撃

●無視、舌打ち、ため息…これらもじつは「攻撃」です

できたら、怒りがまだ小さい段階で、落ち着いてわかりやすく、

「私は部長が怒鳴るのが本当に嫌なんです、困っています。だから、同じ注意をするのでも、もう少し穏やかに言ってくださいますか」

とか、

「家事をしてほしいのはわかるけど、ゴミ出しを忘れただけで、朝からそんなにヒステリックにならないでほしい。気持ちが萎《な》えちゃうんだよ。もうちょっと穏やかに言ってくれたらいいのになあ。そうしたら、俺だって悪かったと思うし、ちゃんとやるよ」

みたいに言えたらいいのですが、「怒り（大）」のレベルになってしまうと、わかりやすく言う余裕などなくなってしまいます。

そして、大きくなった怒りを表現するとなれば、いつものような「攻撃」になって、お互いに火に油を注ぐことになったり、売り言葉に買い言葉になったりするわけです。あるいは、「もう、知らない」「何も言わない！」と相手を一切無視しようとするかもしれません。無視する、という行為は一見、おとなしめの印象かもしれませんが、これも「攻撃」の典型的な一種なのです。

攻撃には、大きく分けて2つあります。

①目立つ攻撃……大声で怒鳴る、手を上げる、蹴《け》とばす、相手をののしる、など。

②目立たない攻撃……無視する、陰口を言う、わざとらしくため息をつく、じろっと睨《にら》む、チッと舌打ちをする、痛烈な皮肉を言う、など。

たとえば、相手が何か一生懸命やろうとしているときに、「お前みたいなバカにできるか！」とか、「あんたなんかにできるわけないでしょ」とののしるのは、①（目立つ攻撃）のわかりやすい一例です。

一方、「頑張ってやってみようと思ってます」という人に対して、「ああ、いいんじゃないか。墓に入ってからやったら」と冷たく言い捨てたり、「あら、ご自由に。お手並み拝見」とせせら笑うように言うのは、②（目立たない攻撃）の一例です。

●陰険な攻撃を受けると「私のせい？」と思いやすい

②は、別名「陰険な攻撃」ともいわれています。そこからは、相手とのいい関係も、いいコミュニケーションも生まれません。

しかも、目立ちにくいだけに誰が何をやっているかが、周りからははっきりと見て取りにくいので、それをされた人は、「自分の受け取り方がいけないのか」とか、「自分が悪いから」などと思いやすいんですね。

たとえば、無視された、陰口を言われた、ちょっと失敗したときにチッと舌打ちされた、とかいうときに、**「《ちゃんとできない私》がダメだから、こんなふうにされるんだ」と、ますます自分を責める**ことにもなりやすい。

本来なら「陰口を言うなんて、やめてください」とか、「無視するなんてひどい」

「舌打ちされるなんて嫌だ」と正当に怒っていい場面でも、「ああ、私なんか、ここには要らないと思われてるんだ」「自分がいたらないからいけないんだ」などと、**どんどん自己評価を下げてしまう**のです。

このように、この目立たない陰険な攻撃によって、メンタルを侵襲されたりもしがちなので、ここではっきりと、「陰険な攻撃」があることを押さえておきたいと思います。子どもの「いじめでシカトされる」という構図と似ていると思います。

この章では、「怒りを表現してはいけない」「怒りを感じることもダメ」と思っている人には、「相手が悪いんだから、相手が変わるべき」と思う傾向があること。でも、相手にはそのことが伝わらないことも多く、自分の期待通りには相手は変わってくれないこと。そのうちに、怒りが、自分由来のものから相手由来のものに、言いかえると、相手任せのものに変わっていくこと、などを見てきました。

次章では、その前提をくつがえすような、「怒りは感じていい！」という理由をさらに紹介していきます。

3章

「怒ってはいけない」と
ずっと我慢してきた人へ

怒りは、とても原初的な感情だった

●怒りは「悪者」？　いいえ、むしろ「いいこと」です

「喜怒哀楽」の四字熟語に「怒」が含まれていることからもわかるように、怒りとは、人間にとって基本となる感情の１つです。

前章でも述べたように、もともとは自然に生まれる感情でもあり、決して私たちを損なうような、悪者ではありません。**むしろ、私たちを守るために重要な感情でもあるのです。**

心理学の研究で、「乳児が自分の気持ちをどういうふうに分化させていくか」というものがあります。それによると、出生して初めて生まれる感情が「興奮」で、そこから「不快」と「快」に分かれます。

人間の赤ちゃんは、はじめのうちは大雑把に言って「快／不快」しか感じません。

人間にとって「怒り」は原初的な感情

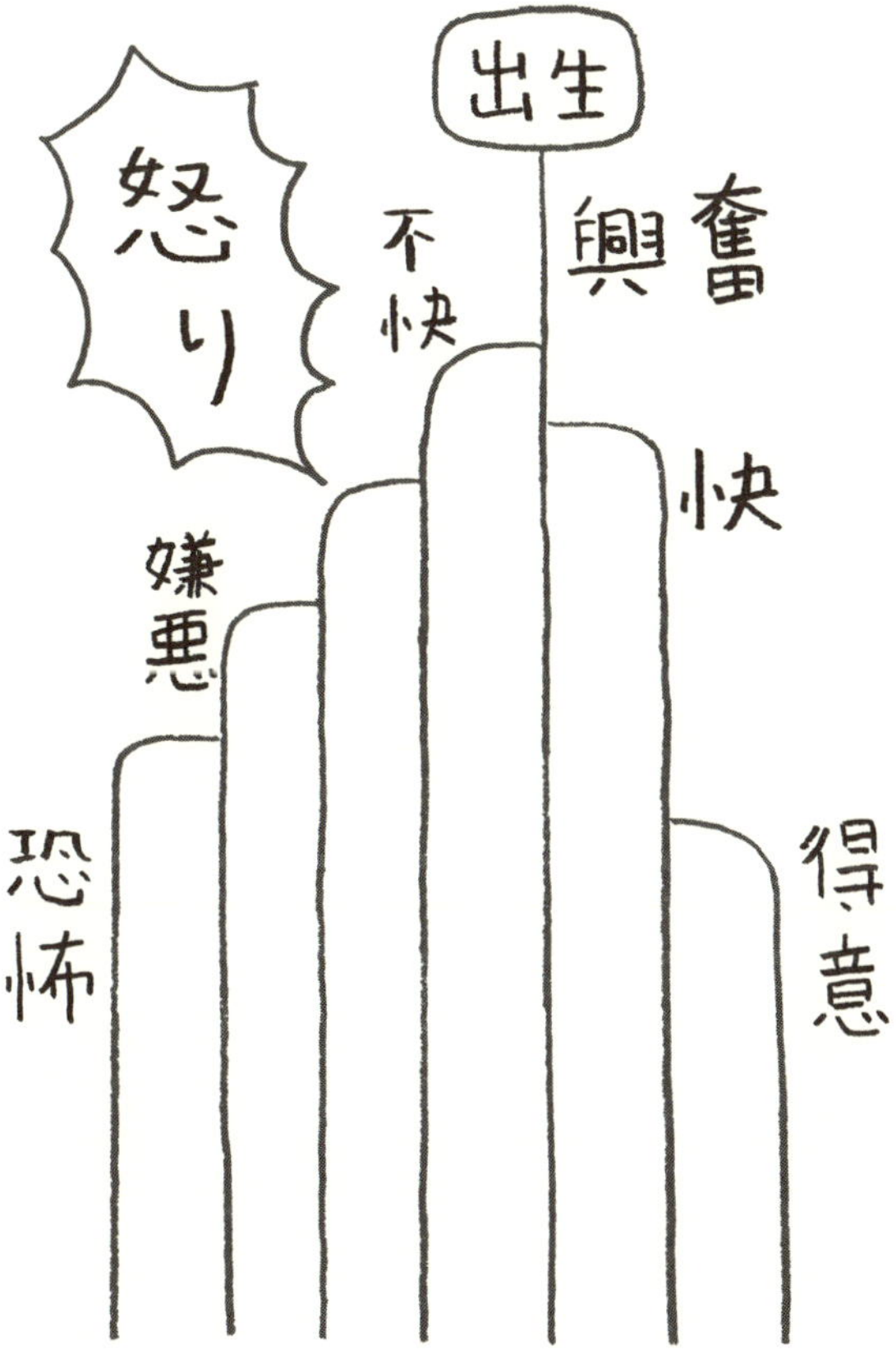

そこからさらに感情が細分化されていくとき、最初に出てくるのが「怒り」だといわれています。

赤ちゃんは、思い通りにならないときなど、顔を真っ赤にして、のけぞって、「ギャー」と泣いたりしますが、それほど**人間にとって「怒り」という感情は原初的です。**「自分の欲求が満たされてない」とか「これは、違うよ」と周りの大人にあらわすために、赤ちゃんも泣いたり怒ったりする。それくらい、人間にとって原初的であり、本質的な感情なのですね。

嫌なことをされたとき、「それは嫌だ。私はそれに怒りをおぼえる」と実感できることは、その人の、自分で自分を大切な存在と思える「自尊感情」に活力を与えます。そして、自分を守る力を引き出したり、変化を生み出す力を呼び起こしたりもしやすいのです。

ちなみに、このことについて、アサーション・トレーナーのP・パルマーは「怒りを感じるということは、あなたの心が健康な証拠」と言っています。

また、心理学者のH・G・レーナーは「怒りは私たちの傷ついた心や空洞、何かが間違っていることを伝えるメッセージ」であり、さらに「変化へのシグナル」にも、「従来のパターンから脱け出して、調和のとれた新しい人間関係をつくるきっかけ」にもなりうる、と提唱しています。

●「怒り」はこんな反応として出てきます

まずは、「自分が怒っていること」を認めることが重要である、と説明してきました。ただし、実際は、そこが難しくもありますよね。

モヤモヤ感を抱いていても、なぜ自分がモヤモヤしてるのかわからない。周りから「怒ってるでしょ?」と指摘されて、口では「怒ってない」と返すけれど、本当は怒っている、という場合もけっこうあります。

指摘されたときには感じなかったけれども、しばらくあとになってからじわじわと、「あっ、私って怒ってたんだ」と気づくこともあります(たとえ時間差があったとしても「それでイライラしてるんだな」と自分でわかるようになるのは、大きな一歩です)。

自分の「怒り」を、「あっ、いま、私、怒ってるな」とキャッチできる術《すべ》があるといいですね。いくつか具体例を挙げてみます。

◎顔が赤くなる

頭に血がのぼるかんじです。私自身、怒ると顔が赤くなるかんじがあるので「あっ、いま怒ってるな」と自分でわかります。

◎声が大きくなる

会話中にカチンとくると、いつのまにか声が大きくなる。私は、この傾向もあります。「あっ、声が大きくなってる。怒ってる、怒ってる」と把握しやすいです。また、怒ると早口になる人も多いようです。

◎体が震える

人によっては、怒りを認めるより先に、体が震える、手がブルブル震える、心臓がドキドキする、といった身体反応が出ることもあります。

自分で「怒り」をキャッチする方法

そのほか、

◎相手の話を聞かない

◎相手が言い終わる前に、自分の話をしはじめる

◎一切、自分からは話さなくなる

こういった傾向も一般的に多いです。相手の意見を聞きたくないし、自分の正当性をうったえたい、という気持ちが勝って、相手の話を途中でさえぎるようになりがちです。自分の心の窓をシャットダウンするように、何も話さなくなる人もいます。

●まずは「怒り」の芽をキャッチしてあげよう

心理学では、「セルフモニター」といって、**「落ち着いて、自分で自分を客観的に見て取れる」**ことを重視する考え方があります。そして、その力を育てたり伸ばしたりすることを目指します。「観察自我を育てる」など、流派によって使う用語は異なりますが、目指すありようは似ています。

怒りの反応を感じ取って、「いま、頭にきた」「許せないと思っているよね」「私、かなり怒ってる？」「イライラしてる、自分」などと客観視できるように心がけます。

また、「怒りの温度計」といって、「いま、私はどのくらい怒っているだろう？100度？　沸点に近い？　それほどでもないかな？」といったように意識して、**自分の怒りの強さがどのくらいか**を見る方法もあります。

あとは、頭に血がのぼるかんじのときに、6秒ほど待つと、体内の血の巡りが循環するのでクールダウンできる、ともいわれています。

もう1つ、有効な方法が「実況中継」です。自分自身の行動や感情を観察しながら、スポーツの実況アナウンサーになったつもりで、「あっ！　園田、いま、怒っています。Aさんの言動によって、不愉快になっています」などと表現していく方法です。これをすることで、怒りに振り回され我を忘れて攻撃的になる、ということが防げます。

ちなみに、この実況中継は、あがりやすい人にも効くといわれています。たとえば、強い緊張を感じたら、「園田はいま、あがっていて、手に汗をかいています」などと言語化することで、自分を客観視でき、それによってクールダウンしやすくもなります。

「怒り」はアサーティブに出せたらいい

●隣との「ちょっとしたコミュニケーション」が減少した日本

たとえば、電車のなかで近くの人のイヤホンから大きな音が漏れていて、「うるさいな」と感じる場面。

そこでムッとして、「うるさいんだよ!」と大声で叫ぶのではなくて、「恐れ入ります。ちょっと音が漏れてて、落ち着かないなあと思うので、できたら音をしぼってもらえますか」といったように、相手にわかりやすく言えるといいですよね。

荷物を置いて座席をふさいでいる人に対しては、「申し訳ないけど、私、疲れていて座りたいので、荷物をどかしてもらえますか」などと伝えられたら理想的だと思います。

最近、そういう「ちょっとしたコミュニケーション」が世のなかから減っているよ

うに思います。

「それの何が問題？　別に、やりすごせばいいのでは？」と思った人もいるかもしれませんが、周りとのちょっとしたやり取りや会話が減ったことで、みんな、いろいろ不満がたまっているんじゃないかな？　と私は思うのですが、どうでしょうか。

たとえば、コミュニケーション不足から行き違いが起きて「事件」に発展……というと大げさですが、「急に怒って、誰かを殴った」とか、「突然キレて、怒鳴りはじめた」といった揉《も》めごとが日常茶飯事のように起きているのかも？　と思うのです。

以前から、「おとなしい人が急にキレるとよけいに怖い」とはよく言われていました。ただ、最近はよりいっそう、駅員さんに対する暴力や、ＳＮＳでの「炎上」といったものが増えていることが気がかりです。

数年前、芸能人の「不倫」騒ぎがありました。メディアでの報道が日に日に過熱し、また、まるでモグラ叩きみたいに、次から次へと別の「不倫カップル」のニュースが取り上げられました。そのたびに、多くの人がＳＮＳなどで「これでもか！」というくらいに徹底的に攻撃していましたね。

こうした例からもわかるように、最近の日本では、「この人なら、叩いていい」というお墨付きをもらったら徹底的に叩くような風潮があるのではないでしょうか。もしかしたら、そこで多くの人が日ごろの憂《う》さを晴らしているのではないか、そんなふうにも見えてしまうのです。

無論、「やれるところまで徹底的に誰かを攻撃する」というのでは、相手のことを尊重できていません。

●「こいつを、こてんぱんに、やっつけてやる！」を防ぐために

攻撃の対象が身近な人であれ、芸能人といったような人であれ、そうした状況に陥らないためには、日ごろから、怒ったときに「怒っているのは自分」と認識すること。まず、そこを押さえることがポイントだと思います。

心理学では**「自分の気持ちは自分のもの」**という命題があります。

怒ったきっかけは、相手の言動（大声で怒鳴ったとか、ゴミ出しを忘れたとか）かもしれない。でも、それをひきがねとして、「怒っているのは私である」と認めてみ

る。

他人のもの（気持ち）をコントロールするのは難しいけれども、自分のもの（気持ち）なら、それをどう扱いたいかについて、自分のなかで考えたり、確かめたりしやすい、というわけです。

●命令でもゴリ押しでもない、さわやかな伝え方を

「怒り」にかぎらず、自分の感情はそもそも自分のもの。なので、自分が絶対に感じてはいけない、という感情は本来ないのです。

問題なのは、怒りを感じることではなく、その感情を「キレる」などの形で衝動的に行動に移したり、その感情に自分が一方的に振り回されたりすることです。

繰り返しになりますが、怒りを抱くきっかけはたしかに相手の言動にあった（たとえば、失礼な物言いをしたなど）かもしれませんが、怒っているのは、ほかならない自分なのです。

そういった認識を土台にして、**自分の怒りについて相手に伝えるには、「命令」や**

「ゴリ押し」をするのではなく、相手にわかりやすく落ち着いて伝えることが重要になります。

ここに、怒りをアサーションで伝えるのがふさわしい理由があります。

私自身も、前に述べたように「怒り＝攻撃」と以前は思い込んでいましたが、「怒りはアサーティブに出せばいい」と知ったことで、ずいぶんと変わることができたと思っています。

欲求不満やおびえを感じていて、それを伝えたいときは**「不満に感じている」「怖い」「参った」などと、アサーティブに相手に言えたらいい**のです。

では、アサーティブな怒りの伝え方とは、いったいどんなものなのでしょう？

次章で、「攻撃的」「非主張的」「アサーティブ」……それぞれの話し方の特徴を詳しく紹介していきます。

4章

自分も相手も大切にする、理想的な《さわやかさん》になるには

社会的な《役割》に覆い尽くされる前に

●本音を押し殺しているうちに、すべての感情が平板になる

最近は、職場や友人同士の集まりなど、集団のなかで「波風を立てない」「みんな一緒に足並みを揃える」ということが、いっそう重視される傾向もあるようです。

たとえば職場で、「《雇用される身》として、個人の感情より《会社員としての自分》の役割を絶対に優先させないといけない」と思う人は、しんどい気持ちや不満があっても「そういうことは決して言うべきでない」という考えになる。そうして自分の本心を押し殺し続けて、そのひずみが心身の不調に出たりするケースも少なくありません。

職場での役割は、人によってそれぞれあると思います。でも、そこでただただ「役割に生きる」になってしまうと、《自分》というものがすべて《役割》に覆い尽くされ、抑圧されるようになります。たとえば、極端な話、ブラック企業でいいようにこ

き使われたり、最悪の場合、過労死にいたるような悲しい事態にもなりかねません。

自分の感情を押し殺していたらどうなるか。よくあるケースが、「失感情症（アレキシサイミア）」といって、自分の感情が自分でわからなくなる状態に陥ります。自分がどう感じているのかがわからず、キャッチできなくなったり、言語化できなくなったりします。そして、それを補うかのように、体に不調が出たりもします。

実際、失感情症の方からお話を聞くと、職場の状況がひどい。あるいは、家庭内や人間関係などが過酷な状況だったりもします。

そこで私が「大変ですね」と言うと、「いや、そんな大したことないです」と淡々と無表情に返されたりもします。その人は、無理にそう言っているのではなくて、本当に「大したことない」と思っている様子。**自分の気持ちをずっと押し殺しているうちに、感情そのものがすべて平板になってしまって、まるで感情を失ったかのような状態**になっているのです。

《役割》を担いながらも、「嫌なことは嫌」「おかしいことはおかしい」と思ったり、自分の気持ちを言えたりする部分がないと、本当の自分が自分でもわからなくなります。人間はロボットや機械ではありませんから、自分の気持ちを職場では一切出さないように抑圧し、職場以外の場所でちゃんと出そうとする、というように、うまく使い分けできるか？　それができればよいのでしょうが、それはけっこう難しいのではないか、と思います。

「嫌だな」「腹が立つ」「おかしいよ」という気持ちに無理して蓋《ふた》をしていると、「楽しい」「うれしい」「ハッピー」「いきいきできるなあ」といった、リアルなプラスの感情もだんだん平板になっていき、わからなくなっていくような気がします。

そうなると、人によっては、職場以外の場所に刺激を求めて、よけいに過激なこと（たとえばギャンブルや浪費など）をしたくなるのかもしれません。

では、自分を押し殺さないために、何ができるか？

心理学では**「役割を生きる」という**考え方があります。もちろん《役割》をすべて否定するわけにはいかないけれど、担っている役割と自分の本心とのあいだで折り合いをつけることはできるはず、という考え方です。

これは、「役割に生きる」とはたった一字違いですが、大きな違いがあります。「役割を生きる」の考え方だと、**《役割》を担いながらも、《素の自分》がちゃんと息づいた状態で生きていく**ことができるからです。

●自分を主語にした「I《アイ》メッセージ」で伝える

さて、「怒り」を感じたとき、往々にして私たちは、「あなたが悪いからだ」「君がこう言うのが問題」「上司が何とかだからいけない」といった言い方になりがちです。

そうではなく、**《私》の気持ちを言おう、落ち着いてさわやかに私の気持ちを言おう、という方法が、「Iメッセージ」**です。

日本語だと、いちいち主語をつけて発言することは少ないですが、たとえば「約束を破るなんて、ひどい人!」という文には、「あなたが」「お前が」といった主語が隠れていて、こういうのを「YOU《ユー》メッセージ」と称します。数行前の「あなたが悪いからだ」などの言い方も、全部「YOUメッセージ」ですね。

一方、「約束を破られると、悲しい」「約束を破られると腹が立つよ」と言うときの主語は「私は」「僕は」になります。「私は悲しい」「僕は腹が立つよ」と言っています。このように、同じことを言うのでも、「YOUメッセージ」か「Iメッセージ」かによって、受け手の印象はずいぶん違うのです。

相手を主語にした「YOUメッセージ」で言ってしまうと、言われた側としては「責められた」という印象を受けますし、言った本人としても、「あなたが悪い」という一方的な非難をしやすい。ここでも、自分が感じている気持ちなのに、相手のせいにする、ということが起こりがちです。

一方、「Iメッセージ」で、「私はそういうのが嫌だからやめてほしい」という言い方をするのであれば、自分が怒っていることになる。きっかけとしては相手の言動があったにせよ、怒っている主人公は《私》であり、「その気持ちをそのまま良しとはしないで、変えたいなあと私は思っているから言います」といった態度になります。

また、「Iメッセージ」のほかの魅力としては、**相手から何かを否定されたとしても、自分は自分の気持ちを否定しないでいい**、というところもあります。

たとえば、周りの人から自分が嫌な呼び方をされて「そんなのは嫌」と伝えたとします。そのとき相手から「ジョークだよ、ジョーク」と返された。《私》は不快に感じているんだけど、ほかの人たちからは「別にその呼び方、気にならない」「相手だって親しみのつもりでは？」などと言われる。

こうなると「私だけ、感じ方が変なのか」「自分の受け止め方が間違っているのかも」などと思ってしまうかもしれません。でも、「私はやっぱり嫌」と思う自分の気持ちを否定しなくていい。ここは、とても大事なところです。**私の気持ちは私のもの。**そこがポイントであり、また、ほかの人と自分が異なる感じ方をしても、それを否定しないでいいのです。

●ほかの人の感覚よりも、自分の感覚を最優先！

実際のカウンセリングでは、クライエントさんが「本当は言いたかったのに言えなかったこと」についてお話しされることが多々あります。

そういうときは、「もし、いまその人に何か伝えるとしたら、何をおっしゃりたいですか？　そこにタイムマシンで戻ってみてください。よかったら、私がその相手をやりましょうか？」と言って、一緒にロールプレイをするときもあります。

ある女性は、職場で若い頃に〝能面ババア〟というあだ名をつけられたことが嫌だ、とおっしゃいました。色白で、お能の女形のような顔立ちで、落ち着いた雰囲気をした女性です。

「職場だし、そんなことを嫌だとか言って事《こと》を荒立てたり、難しい人だと思われたりしたくないから、そう呼ばれても『はいはい』と言っていたんだけれども、本当はすごく嫌だった。いままで生きてきて、ワースト1位か2位になるくらい、けっこう嫌な記憶」

とのことでした。同僚の女性たちは「〝ババア〟はかわいそうだから〝能面ばあちゃん〟にするね」と軽口のように言っていたけれど、それにも「はいはい」と返していた。本当は、それも嫌だった。

「いまはもう言ってもしょうがないけど、すごく嫌だった。その場面をぜひ練習したい」と泣きながらおっしゃいました。

それで、私としては職場の男性上司がいかにも言いそうなこととして、

「ユーモアだよ。○○さんはいつもニコニコして、『はいはい』って返事していたじゃない。嫌なんてひと言も言わなかったよなあ」

と、ちょっと彼女を追い込んでしまうかもしれませんが、せっかくカウンセリングにいらっしゃったのだからと練習をおこなってみました。

続けて私は、同僚の女性の役も演じて、

「やだ、能面ばあちゃん。私たち、みんな親しみのつもりで言ってたのよ。それに○○さんだって、いつも『はいはい』ってニコニコしてたじゃない」

と言いました。そうすると、クライエントである女性は、何度か繰り返しておこなったロールプレイのなかで、

「そのときは、ニコニコしているしかなかった。いまは、その自分を抱きしめてあげたいくらい、かわいそうに思う。本当に私はそう呼ばれるのが嫌だったのよ」

と、はっきりと、そして落ち着いて言いました。

いまの例のように、ある呼び方をされたその場で「私は嫌だと思う」と認識することって、意外と難しいかもしれません。たとえば、部下や同僚を「ちゃん付け」で呼ぶことは、近年だとすぐにセクハラ認定もできそうですが、上司や同僚など、周りの人たちの価値観からすると、「単なるジョーク」「親近感のあらわれ」などと、いままで

も反論されることもあるかもしれません。けれども、**仮にそんな状況があったとしたら、「自分の感覚を大事にしていいんだよ」と、なおのこと強調したく思います。**

私自身、若い頃、ある集まりで〝雅代ちゃん〟と呼ばれることが嫌いでした（無論、大人になってからの話です）。周りの人が、「私は自分が〝〇〇ちゃん〟って呼ばれても、あんまり気にならないよ。親近感で呼んでるんだから、別にいい。園田さんも、いいじゃない？」と言ったとき、はじめのうちは、「私だけがおかしいの？　私が頑《かたく》ななのだろうか？　自分にはユーモアのセンスがない？」などと思ったりもしました。

でも、アサーションを学ぶことを通じて、私は**「この集まりの場で、〝雅代ちゃん〟と呼ばれるのは嫌だな」という自分の感覚**を徐々に大事にするようになりました。

「園田さん、ちょっと神経質なんじゃない？」

「そうかなあ、でも、私はやっぱり気になるし、落ち着かなくて、嫌なんだよね。だから、やっぱり〝園田さん〟と呼んでほしい」

みんなが同じセンスをしてなきゃいけない、ということはありません。そして、自分の感じ方やセンスを自分で否定せず、大切にしていいのです。

攻撃的、非主張的、アサーティブ…あなたはどのスタイル？

●対話のスタイルは、大きく分けて4つ

人とやり取りする際の話し方は、その特徴によって大きく4つに分けられます。

それぞれの話し方の特徴と違いを、まず理解してみてください。

そのうえで、その理解にそって、自分の話し方について考えてみていただきたいです。

そういった気づきを深めることは、アサーションを身につける大切な出発点となります。

①攻撃的な《いばりやさん》

攻撃的な話し方や行動をする。相手を大切にしていない。

②地味な攻撃型の《いんけんさん》

一見、目立たないけれど間接的に攻撃するような話し方や行動をする。相手を大切にしていない。

③言えずに悶々《もんもん》…《おどおどさん》

非主張的（受け身的）な話し方や行動をする。自分を大切にしていない。

④アサーティブな《さわやかさん》

アサーションを活かした話し方や行動をする。自分も相手も大切にする。

ちなみにこれらのネーミングは、私が『子どものためのアサーション〈自己表現〉グループワーク』という児童教育者向けの書籍をつくるときに、子どもたちと一緒に考えたネーミングです。各キャラクターがわかりやすくて気に入っているので、大人向けのアサーション講座のときもよく活用している名前です。

話し方のスタイルはおもに4つ

攻撃的な
《いばりやさん》

目立たない攻撃型の
《いんけんさん》

言えずに悶々…
《おどおどさん》

アサーティブな
《さわやかさん》

●①攻撃的な《いばりやさん》が怒ると…

《いばりやさん》タイプの人が怒ると、直接的な表現で、相手を攻撃します。

たとえば、イラッときた相手に暴言を吐く、大声で怒鳴る、相手が嫌がるようなことを言う、はたまた、叩く、蹴る、物を投げつけるなど、身体的な暴力になることもあります。

前にも述べたように、世のなかでは怒りを《いばりやさん》で出す人が圧倒的に多い。本書でもすでに多くの《いばりやさん》の例が出てきていますね。

●②地味な攻撃型の《いんけんさん》が怒ると…

このタイプの人が怒ると、無視する、陰口を言う、わざとらしくため息をつく、チッと舌打ちをする、痛烈な皮肉を言う、など。1章で出てきた「一見、目立たない攻撃」をする人が、ここに当てはまります。「ずる賢い攻撃」「トリッキーな攻撃」ともいわれます。

《いんけんさん》のやっかいなところは、本人が「私は大声で怒鳴ったりしないし、穏やかないい人だ」と勘違いしている場合も多いということ。

私がかつて苦手としていた、年上の女性がこのタイプの方でした。その人は私にすごく嫌なことを言うわけじゃないのですが、折々会うときに「お久しぶりです」と挨拶すると、私のことを上から下まで睨《ね》め回すようにじろじろ見る。そのかんじが、私は気持ち悪く「なんか嫌だな」と思っていた。それでも、挨拶しないのはまずい気がして、「○○さん、お元気ですか？」などと話しかけると、喜色満面、にっこり社交的な笑顔で、「ありがとう。園田さん、私、おかげさまで元気よ」とか言う方でした。

そのせいで「じろじろ見られるのを私が勝手に過剰に意識してしまっているのかな」と思ったこともありましたが、あるとき、「そうか、やっぱりこの人《いんけんさん》なんだ」と思ったできごとが。

娘が5歳くらいのとき、その方が「園田さん、お嬢ちゃんお元気？ お仕事しながらお嬢ちゃん育てて、えらいわね」とほめてくれたので、「おかげさまで元気です。5歳になって最近はけっこう生意気になってきました」と言ったところ、ニコニコして「ああ、そう。だって、それはそうでしょう、園田さんのお嬢さんですもの、生意気よねえ」と言って、さあ〜っと向こうへ行かれた。

「ああ、そうか。正体見たり。やっぱり私のことを生意気と思って、○○さんはいいかんじを持ってなかったんだな。私が『なんか嫌だな』と思ってたのは間違いじゃなかった」と確信。それからは、必要以上に自分がその方に近づいていったり、お世辞を使ったりすることもしなくなりました。

その方はご自身のことを「私は誰とでも仲良くなれる」と、いつも笑顔でおっしゃっていたので、あまり自己認識がなかったのでは？　と思います（あ、これ、私ちょっと《いんけんさん》の攻撃をしていますね（笑））。

●《いんけんさん》のキラーワードは「あなたのためを思って」

じっとりしたお話が続いてしまいますが、《いんけんさん》の陰険さをさらにお伝えしましょう。

よく言えば巧妙で洗練された、悪く言えばあくどい方法で攻撃してくる例です。

ある女性が、ママ友とのいつもの集まりでお菓子を持参したところ、

「これは、あなたのためを思って言うんだけど、あなたが持ってくるお菓子って、美味しいの。素朴で、美味しい。でも、都会の人はこういうの食べないのよ。決して悪口じゃないけれど」

と言われたそうです。その方は、ある地方出身者だったので「私が気の利いた、都会的なお菓子を持っていけないせいで、こんなことを言われるんだ」と思い、そのママ友たちとやり取りするたびに調子がどんどん悪くなってしまわれたそうです。

ママ友たちのいいターゲットにされてしまったというのです。

「○○さんのために言うのよ。○○さんのお子さんが小学校に上がったときに困らないために言うの。だって、いまPTAがいろいろ大変なんだから」とか「○○さんは△時に集合、っていうとき5分前とかにいらっしゃるでしょう？　私たちはだいたい15分くらい前には着いてるの」とか「○○さんも、もしお子さんが小学校に上がって、PTAの集まりが△時、っていうとき、5分前なんかに行かれると、お一人だけ遅れて恥をかかれたらお気の毒でしょう？」とか……。

そんな話を聞くと、私は「暇な人が雑談したいために早く集まってるだけかもしれ

ないのに」と思うのですが、その方ご自身は「全部自分が悪い。自分がいたらないせいで、みんなに迷惑をかけている」と思い込んでしまい、夜も気持ちよく眠れないなどの日々が続いて、とても苦しかったとのこと。

こういうのは本当にモラハラ（モラルハラスメント）の一種であり、大人の陰険ないじめだと思います。

モラハラは定義がなかなかわかりづらいのですが、しかける側が、「あなたが悪いんだもの。だから、あなたのことを気遣って言うのよ」「お前のためを思ってこそ言うんだ」といったかんじで、ターゲットにされる側の価値観や道徳心、自分の素直な声といったものをくずしにかかってきます。

そして、いつのまにか「自分のせい」「私がいけない」と自己否定にからめ取られてしまいます。

なので、相手を大切にしようという優しい人、感じ方の繊細な人ほど、こういうときに自分の「本当に気持ち悪い」とか「嫌だな」「不愉快」「迷惑です」などの感覚を大事にしないと、まんまと《いんけんさん》の罠《わな》にハマってしまいます。

●③言えずに悶々…非主張的な《おどおどさん》が怒ると…

言いたいのに言えない。我慢しがちで、《いい人》を演じてしまって、怒りをためこみやすい。きっと、いまこの本を手にとってくださっている方のなかでいちばん多いのが、このタイプではないかと思います。

じつは、この《おどおどさん》タイプの人がいざ怒るときって、キレるとか八つ当たりなどにもなりやすいのです。

●じつは私も、元《おどおどさん》でした

私も20代の頃は、怒りを出すことがとても苦手でした。

ある大学に助手として勤めていて、「女性の若手教員第一号」とされていた頃。男女雇用機会均等法ができるよりはるか前の時代でしたので、「女がお茶を出すように」「ほら、お茶」などと指示されていました。

さらに会議などで黙っていると、「まともな意見も言えない」と言われたり、意見を言うと「偉そうに言った」とか「若い女のくせに」などと言われたりすることも。また、職場にヘビースモーカーがいる時代でもあり、長時間の会議はそのこと自体もツラかった。

それらのいろんなことに対して、当時の私はまったく「嫌です」と言えなかったのです。

「こういうのは嫌です。変えてほしい」と思ってはいるんだけれど、意見をちゃんと言うことができない。**「嫌だ」と感じたその場で、わかりやすく自分のその思いを言うことができませんでした。**

あるときは嫌な気持ちを抱えたまま帰宅して、自分の子どもなどに八つ当たりすることもありました。ストレス性のじんましんが出て、「人様のカウンセリングをしてる場合じゃない……」という状況のときも。

自分がここでサバイブするために、なんとかしなきゃとずっと思っていました。けれども、その方法が見つからない。

そんなとき、臨床心理士の平木典子先生に出会って、「アサーション」を知る機会を得ました。そして、アサーションを身につけることを通して、**嫌なことがあったら**

「私はそういうのは嫌です。やめていただけますか」と落ち着いて言えばいい、と学んでいったのです。

●④アサーティブな《さわやかさん》が怒ると…

《さわやかさん》の基本的な姿勢は、**「その人の気持ちはその人のもの」**です。

何に対して「不愉快」と思うかは、人それぞれ。たとえば、職場で「ちゃん付け」で呼ばれて嫌に思う人もいれば、少しも嫌には思わない、という人もいるかもしれない。また、そう呼んでくる相手によって、こちらの感じ方はいろいろ変わる、ということもあるでしょう。

でも、「私の気持ちは私のもの」。自分が嫌だと思うことは《さわやかさん》で伝えたいものです。

このタイプの人は、怒りの気持ちを《いばりやさん》や《いんけんさん》では出しません。なるべく《さわやかさん》で、と心がけることで、自分の怒りの気持ちともうまく付き合えるようになっていきます。

どうしたら、そんな人になれるのか？　次章で、いろいろな困ったシチュエーションを挙げながら、詳しく紹介しましょう。

5章

こんなときどうする？

～街で、会社で、自宅で
…シチュエーション別クイズ～

ケース1 朝、混んでいる電車内でピンヒールで足を踏まれたら…

●「痛い！」と伝えたい。どう対処する？

この章では、具体的なシチュエーションを例に挙げますので、「こんなとき、自分ならどうするだろう？」と一緒に考えていただきたいと思います。

あなたはいま、満員電車に乗っています。ぎゅうぎゅうに混みあっていて、身動きがとれません。

ちょっと電車が揺れたとき、隣の女性が、あなたの足を踏みました。女性はピンヒールを履いていて、しかも、あなたの足の、ちょうどマメができているところを踏んだのです。本当に痛い……！

女性はあなたの顔をチラッと見たのですが、なんにも言ってくれず無視されてしまいました。

こんなとき、どう対処しますか？
5択です。

①「あなた、なにするのよ！　痛いわよぉ！」と大声で伝える。

②相手に聞こえるように、舌打ちをする。

③「はぁ～～～」と大きなため息をつく。

④何も言えず、ただ我慢する。

⑤相手の顔を見て「あの、いま、痛かったです」と伝える。

●《さわやかさん》はこう伝える

①は《いばりやさん》、②と③は《いんけんさん》です。
どちらも攻撃的で、自分としても気分が良くありません。

そして④は、言いたいことが言えない《おどおどさん》。

このように我慢していれば、なんとなくやり過ごせるかもしれませんが、何も言えないでいると「こっちを見てるのに、謝らないって、なんなんだ！」と不満がどんどん募ります。

さらには、「こっちを見てるってことは、私の足を踏んだことがわかってるんだろう。それなら、謝るべきだ」などと、「べき思考」も働きます。

そのまま何も言わずに、次の駅でその女性が降りてしまったら、「何なのよ！」と、怒りはますます大きくなるかもしれません。

そういう小さなことが、その日一日の気分をけっこう左右したりしませんか。

「今日は朝から最悪だ」と思って、嫌な気持ちで一日を過ごす。あるいは、それが積もり積もると、「ああ、嫌なことばかり」と思っただけで、お腹の調子まで悪くなって会社に行けなくなる、などということもありえます。怒りがたまっていると、体に出やすいですから。

嫌な気持ちを抱えたまま、会社に着いたとします。仕事を始めて、後輩が持ってきた書類が間違っていたりすると、「いったい、何回言ったらわかるのよ！」と、怒りをその後輩にぶつけてしまうこともありえます。

こういう「八つ当たり」という形での怒りの出し方は、1章でも述べましたが、けっこう多いのではないでしょうか。

八つ当たりをする人って、他人にぶつかっている場面だけを切り取ると、一見《いばりやさん》なのですが、じつは、誰かに向かってもっとちゃんと言いたいことがあるのに言えないでいる《おどおどさん》であったりもするのです。

そのうっぷんを《手近な、自分より下の立場にいる、反論してこないだろうな、と思える人》にぶつける。そうなりやすいわけですね。

理想的な《さわやかさん》は、⑤のような伝え方。

じつはこの電車のエピソードって、私の実体験です。足を踏まれたとき、①のように「痛いわよぉ！」などと攻撃的に言うのではなくて、女性の肩をトントンと軽く叩いて、「いま、すごく痛かったんです」と落ち着いて伝えてみました。

すると、女性は申し訳なさそうに「すみません」と言って、ちゃんと謝ってくれました。

相手に言おうが言うまいが、自分の足の（物理的な）痛みは変わらないかもしれません。

けれど、**相手から何も言葉がないのと、ひと言「すみません」と言われたのとでは、自分の心持ちがまったく違います。**

ここがポイントではないでしょうか。

さらに、こちらが《さわやかさん》で伝えても、相手によっては無視してくるかもしれない。そうなら、アサーションする意味はない？

いえいえ、そこも大事なポイント。

アサーションしても、相手を思い通りには変えられない。でも、自分は、攻撃的な《いばりやさん》でもなく、何も言えない《おどおどさん》でもなく、わかりやすく、ちゃんと《さわやかさん》で言えたわけです。

そんな自分には、**「私、偉い。前より、そういうふうにできるようになったね」**と、ぜひＯＫをあげましょう。

そして相手からがっかりする反応のときほど、「偉いよ、自分。ちゃんとアサーションしたし、また、相手からの期待はずれの反応にも持ちこたえてもいるし」などと、自分をほめてあげてください。

もう一人の自分から「よくやれてるよね、大丈夫だよね」とＯＫをもらえることは、自分の客観視にも、そしてほかでもない、自分で自分を大切にすることにもつながります。

ケース2 ランチのお店で、注文と違うものが出てきたら…

●「これじゃない！」と伝えたい。どう対処する？

あなたは、お昼に近所の定食屋さんに入りました。

今日のランチメニューは、Ａ「豚のしょうが焼き」、Ｂ「ハンバーグ」、Ｃ「オムライス」と3種類あり、どれも魅力的です。どれにしようか迷った結果、Ａランチを選びました。

5分後……店員さんが運んできたのは、まさかのＢランチ。「あれっ？　頼んでいたものと違う！」と気づいたときには、もう店員さんはあなたのテーブルから離れていて、ほかのお客さんの対応をしています。

こんなとき、どう対処しますか？

6択です。

①「ええー……」と思いながら、我慢して食べる。

②「この店には二度と来るのはやめよう」と思いながら、料理にはほとんど手をつけず、さっさと店を出る。

③店員さんに向かって、「何、間違えてるんだ！」と大声で怒鳴る。

④店員さんを呼んで、「注文したのは、これじゃないわよ！ まったく嫌ね、このお店は……」と言い募る。

⑤店員さんを呼んで、「私が注文したのは、Bランチじゃなくて Aランチなので、Aランチに変えてもらえますか？」と伝える。

⑥注文と違ってはいるけれど、Bランチも美味しそうだから、それを食べる。

●《さわやかさん》はこう考える

①は《おどおどさん》。内心「ええー、違う……。でも、ごちゃごちゃ言って、変な人って思われたくないし、お店の人とうまくやり取りできる自信もないし」と思っているかんじでしょうか。

②も《おどおどさん》。料理にほとんど手をつけないことで、お店への反抗の態度も示していて、ちょっと《いんけんさん》でもありますね。帰り道に、「ああ、今日のランチ代を返してほしい。美味しくもなかったし！　泣きたい……！」と、どんどん不満がたまっているかも。

③と④は《いばりやさん》。日ごろのいろいろなうっぷんがたまっていそうな怒鳴りっぷりです。

⑤は、理想的な《さわやかさん》。自分の伝えたいことを我慢したりせず、落ち着いてわかりやすく伝えています。

そして⑥も、じつは《さわやかさん》。自分で「これはこれで、アリ」と思えるのだったら、それはそれでいいのです。

ちなみに、この⑥の行為を**「アサーティブに、言わないことを決意する」**といいます。

アサーションでは、すべてのことを言葉にしなくてもいい、また、自分で納得して意見などを変えてもいい、ととらえます。

「嫌々ながら変えた」とか「変えさせられて頭にくる」のではなく、自分で「変えよう」はアリなのです。

「あれっ？　違うのが来ちゃったけども、これもおいしそうだし、これでいいわ」と思えたら、「注文と違う」旨を店員さんに言わなくてもいい。「言えない」でなく、「言わない」を選ぶわけです。

つまり、**杓子定規《しゃくしじょうぎ》に「いい／悪い」を決めるのではなく、自分で選択して、自分で納得したり決意したりすればいいのです。**

それを、①や②のように「豚のしょうが焼きが食べたかったのに、ハンバーグが来ちゃって、私は運が悪い。ていうか、あの店員は何なのよ！」なんて思いながら我慢して食べていたら、美味しいかもしれない料理も、まずくなってしまいますよね。

ケース3

予定がある日の夕方、上司から残業を強いられたら…

● 「私にも予定がある！」と伝えたい。どう対処する？

今夜は、仕事が終わったあと、友人たちとの久しぶりの集まりがあります。友人みんなの都合のつく日時を調整して、予定が決まったときからずっと楽しみにしていた会です。「定時（午後6時）になったら、すぐ会社を出るぞ！」と朝からバリバリ仕事を進めていました。

ところが、夕方5時頃になって上司から声をかけられて、「この作業、お願いできるかな？　ちょっと急いでるんだけど、今日中でいいよ。明日の朝までに用意できていればいいから」と言われました。

渡された資料を見てみると、とても6時までに終わる量には思えません。どうやら、今日中に終わらせるには、残業をするしかないということのようです。

こんなとき、どう対処しますか？

5択です。

①予定があるけど、とてもそのことは言えないから黙って、嫌々ながら残業する。

②上司に「できません。この時間になって急に言われたって、無理に決まってるじゃないですか！」と伝える。

③上司に詳しく事情を聞いたら、どうしても必要な作業のようなので、夜の予定を少しずらすことにして、「今日は30分だけ、残業ができます」と言ってみる。

④「これは量的に、一人では無理なので、ほかの人も一緒に残業できるようにお願いできますか？　なるべく早く終わって上がりたいのですけど、よろしいですか」と伝える。

⑤その上司のことは信頼しているので、「今日は残業しますが、ちょっと予定を1つ

変えないといけないので、先方にその連絡をまず入れてからでも、いいですか？　それと今後は、できたら当日ではなく、早めに言っていただけると、ありがたいです」と伝える。

●《さわやかさん》はこう伝える

①は《おどおどさん》。

「そんなこと言ったら上司からどう思われるだろう。どうしよう、困ったなあ」と思いながらも何も言えず、嫌々ながら残業をし続けます。なんともツラいですね。

②は《いばりやさん》。けんもほろろに言うかんじです。

そして、③④⑤は、すべて《さわやかさん》の例です。

我慢するのでも拒否するのでもなく、**自分にOKを出せる範囲**を探っていきながら、自分の気持ちや意見をていねいに伝えています。

例文として挙げているのは、これが模範解答であるとか、唯一絶対の正解であるとかいうわけではありません。

どれか1つだけがベストというわけではなく、**「自分にとってぴったりな言い方はどれかな」「どういう言い方が、自分にとっても相手にとってもＯＫだろうか」**などと、ご自分なりに確かめていただきたいと思います。

ケース4

帰宅途中、電車で隣の人が爆睡してカバンをぶつけてきた

●「痛い！」と伝えたい。どう対処する？

帰宅途中、あなたが電車の座席に座っていると、隣の男性が爆睡していて、ゆらゆら揺れていました。

最初は、まあ我慢して肩をかしてあげてもいたのですが、男性が大きく揺れたとき、ついに、男性の抱えていた重たそうなカバンがあなたのひざにバンと当たってしまいました。カバンの硬い角が、ひざの骨に当たって、本当に痛い！

これはケース1と似ていますが、今回は相手が眠ってしまっています。

さて、こんなとき、どう対処しますか？

5択です。

①「ああ、痛いなあ、カバンをぶつけられた」と思いながらも、「爆睡してるから起

こしたらかわいそうだし、私はどうせうまく言えそうもないし、我慢するしかない……」と思って、そのままずっと黙っている。

②「ああ、せっかく座れたけれど、この席はアンラッキーだったなあ」と、仕方なく席を立つ。爆睡している男性を見下ろして「今日はなぜ、こんな人が隣に……」と、恨みがましい目で睨《にら》む。

③「カバンがぶつかってるんだよ！　いい加減にして！」と大声で怒鳴る。

④「痛いわよぉ！」と言いながらカバンを力いっぱい押し戻す。そして、その人がびっくりして目を覚ましたら「あんたがぶつけてきたんだからね？　そっちが先よ」と伝える。

⑤トントンと軽く肩をたたいて、「恐れ入ります。ちょっとカバンがぶつかっているので、持ち替えてくれますか」と声をかける。

●《さわやかさん》はこう考える

①は、自分の言いたいことを言えない《おどおどさん》。

②も《おどおどさん》ですが、睨むことで攻撃もしている、《いんけんさん》でもあります。《おどおどさん》と《いんけんさん》って、こんなふうに、意外と近かったり似ていたりもしますね。

《おどおどさん》は基本的に、相手とぶつかることを恐れがちで、自分が我慢すればいいと思うものの、本当に心がスッキリとはなりにくい。

③と④は、わかりやすい《いばりやさん》の例ですね。基本的に、《いばりやさん》は、「相手が悪い、自分は正しい」というスタンスの発言になります。

こんな場面で、《さわやかさん》であれば、⑤のような伝え方がいいかもしれません。

ただ、相手は爆睡してるわけですから、わざわざ起こす必要はあるかな？　という気もします。

私自身のエピソードですが、以前、電車に乗っていたとき、向かいの席にスーツ姿の若い男性が座っていました。おそらく就活生で「一日中、活動しまくって、もう、くたくた」という様子で爆睡していて、座席からくずれ落ちそうになっていました。

隣に座っていたおじさんに体を押し返され「何なんだよ！」と怒鳴られて、パッと目が覚めて「すいません」と謝っていましたが、見ていてかわいそうになってしまうほど、くたくたの、ぼろ雑巾のような疲れ具合だったのです。ああ、大変なんだな……。


そう思ったので、もしあのとき私が彼の隣に座っていたとしたら、「起こすのはかわいそう。こんなに疲れて、口を開けて座席からくずれ落ちそうになって寝てるんだもんな」と思って、自分は席を立つかもしれません。

でも、私が空けたあとの席に座った方が、今度は彼にどう対応するか？　と想像すると、やはり、

「起こしちゃって、ごめんなさいね。ちょっとカバンがぶつかってて……」

と言うのが、やはりいっそう《さわやかさん》でしょうか。

ケース5

職場で同僚の香水の匂いがきつい

●「匂いのせいで頭がクラクラする」と伝えたい。どう対処する？

職場で同僚とすれ違ったとき、その人のつけている香水の匂いを、あなたは「かなりキツい」と感じました。その人とは近距離で話すこともあり、そのたびにどうしても匂いが気になって、相手の話が頭に入ってこないこともけっこうあります。

●《さわやかさん》はこう伝える

《おどおどさん》であれば、その人の近くを通るたび、「ああ、またこの匂い。ツライなあ」と感じながらも、職場の関係を悪くしたくないから、何も言わずにずっと我慢して黙っているかもしれません。「いつか、周りの誰かが言ってくれますように……」と、ただただ待ちながら。《いんけんさん》であれば、その人の前だとマスクをしたり顔をしかめたり鼻をつまんだりして、我慢アピールをするのかも。

現代の日本では、さまざまな種類のハラスメントが問題になっていて、スメハラ（スメルハラスメント）も、その1つです。口臭、体臭、香水の3つが代表的な匂いとされていますが、近年では衣類用洗剤や柔軟剤も、人によっては「嫌な匂い」「匂いがキツくてツラい」と感じることがあり、微妙でやっかいな問題になっています。

嗅覚というのは、それこそ個人の感覚によるものなので、「私だけが気にしているの？」と、なかなか口に出しづらいかもしれません。まして、職場だと毎日、相手と関わることもあり、よけいに言えないと思うかもしれません。

でも、職場で優先されることは本来、お互いに仕事を円滑に進めることのはずです。《さわやかさん》であれば、その同僚と話す機会をつくって、こんなふうに言うかも。

「じつは、折り入ってお願いしたいことがあるんです。○○さんの香水は、お気に入りの香りなのかもしれないので、こんなことを言うのは心苦しいんですが、私にはちょっとキツくて、近くでお話するとき頭がクラクラするかんじがするんです。○○さんの話を落ち着いて聞きたいので、できたら、香水をつける量を少し軽めにしてもらえませんか？」

アサーションは、生活のあらゆる場が練習所になる

●新幹線、電車、バス…身近な「社会」で練習してみよう

5つのケースを挙げながら、具体的な対処法を見てきました。

《さわやかさん》になるには、いろいろな場面で日々、練習してみることです。自分の表現はどうしたらいいかをあれこれと考えてみましょう。

最近、とてもいいなと思ったのは、久しぶりに新幹線に乗ったときのこと。椅子の背もたれを倒すとき、後ろの人に「倒していいですか」とたずねる人が、数年前よりはるかに増えたように感じました。

もしかしたら、新幹線でいろんな事件があったせいで、みんながマナーに対して敏感になってるのかな？　とも思いますが、この種の声かけが浸透してよかったなあと素直に感じます。

新幹線、電車、バス……そういう「閉ざされた社会」のなかで一定の時間、同じ空間をつくる人たち。《たまたま隣に座った人》は、自分と関係ないと言えば関係ない存在です。けれど、何か事《こと》があれば「運命共同体」。そういう関係性のところから「さりげなく気持ちを伝える練習」や「相手に確かめる練習」をしていくのもいいのでは？　と思います。

たとえば、《おどおどさん》で何も言えなかった人が、**内心「後ろの席の人、怖そうだけど……」と思いながら、「背もたれ、倒していいですか？」と相手に声をかけてみる。**これは、すごくいい練習ですよね。

逆に、前の席の人から「倒していいですか？」と聞かれたとき、いままでだったら軽くうなずくだけでちゃんと返事をしなかったところを、**「はい、どうぞ」と、さわやかに声を出して言ってみる。**こういうのも、いい練習ですね。

●うまく譲れないから、そもそも優先席には座らない、という人へ

ある20代の男性のお話ですが、「僕は電車に乗ったとき、優先席が空いていても絶

対、座りません」と言うのです。なぜかというと「誰か来たときに、うまく譲ることができないから」。

それも1つの考え方ですが、優先席というものは本来、空いていたら誰でも座っていい場所。そこに誰かが来たら「どうぞ」と立てばいいはずなのです。

ところが、いざ立って譲ろうとすると、相手から「けっこうです」と遠慮されることがある。優しい言い方ならまだいいですが、強い口調で「座りません！」と拒絶されることもあり、そうなると気まずく感じてしまう。「相手は年寄り扱いされたと思ったのかな？」「不愉快に思っているのかも」とか、いろいろ考えたり、しょんぼりしちゃいますね。

見た目からはハッキリわからない人が前に来られると、「う〜ん？　どうなんだろう。譲ったほうがいいの？　どっち？」と、気を遣ったりもしますよね。

それに、混んでいる車内で優先席にいる人に向かって「若いのに、優先席に座ってるんじゃない！」とか「あんたねえ、譲んなさいよ」とか叱る人もいますし、これってけっこうデリケートな問題です。

明らかにお年寄りとわかる見た目の人、妊婦さん、松葉杖《づえ》をついている方、白い杖《つえ》を持っている方など、わかりやすい場合はいいのですが、最近の高齢者は、実年齢と見た目の若さが比例していなかったりもします。それに、一見すると元気そうだけど、じつは病気を持っていらっしゃる、という方もいます。このあたりは、いろいろ考えると、たしかに難しいところではあります。それで先述の若い男性のように、一切優先席には座らない、近づかない、と決めているという方も出てくるのですね。

じつは、そういう複雑でデリケートな場面こそ、アサーションの練習のいい機会になるのです。

明らかにお年寄りの方が来て「座りたいんだろうな」と察することができるなら「どうぞ」と声をかければいいでしょう（もし、自分のなかで「どうぞ」だと強制的な印象がするなど、ピッタリこなければ、「お座りになりますか？」という声かけも、いいかもしれません）。

「どうぞ」とか「お座りになりますか」と声をかければ、座りたい人は「はい」と答えるでしょうし、座りたくない人は「ああ、いいんです。次で降りるから」とかおっしゃる。だから「そうか」と思って座ったままいればいい。一瞬のやり取りですから、もし遠慮されたり拒絶されたりしても、さほど臆病になる必要はありません。**相手がどう思っているかはわからないのですから、相手に確かめたりたずねたりしてみるのが、いちばんなのです。**

「ここは譲るべきか、どうなんだろう？　譲るには、なんて言ったらいいんだろう？どうしよう、どうしよう……」と迷うだけでいるのは、ある意味、立派な気持ちかもしれませんが、無駄なエネルギーを使って疲れてしまいます。

「相手の気持ちは相手次第」と自分に言い聞かせる。そして自分が、無駄なエネルギーを使わないで過ごせたら、ラッキーですよね。

障害を持っている方は、周りの人が手伝ってくれることに感謝の思いはあっても、たとえば、目の不自由な人は、「突然にパッと手を取られると、とてもびっくりするからそれはやめてほしい」と口にされます。

「何かお手伝いできることがありますか」と一声かけてから、自分のやってほしいことをやってもらえたらうれしい、とよくおっしゃいます。それだと、何もないときは「ありがとうございます。ありません。大丈夫です」とご本人が応答してやり取りできるので、「お手伝いが必要ですか」「お手伝いしたほうがいいですか」とたずねてほしい、とおっしゃいますね。それは、本当にそうだろうなと思います。

●「相手はこういうふうに求めてるだろう」と思い込むのも傲慢

アサーションの理論では、**お互いに自由に、思ったことを風通しよく言って、理解し合おう、そして、すぐに相互の理解が生まれないことも当たり前なので、そのときには、どう歩み寄れるかをやり取りしながら見つけていこう**、と考えます。

たとえば、自分としてはまったく問題ないと思った言動でも、相手から「傷ついた」と言われることもありえます。そんなとき、「ええっ？　こっちはそんなつもりはなかったのに。私は、人を傷つけるなんてこと、絶対にしていないのに」と思う人もいるかもしれません。が、それって、見方によっては、けっこううぬぼれであり、不遜《ふそん》（思い上がり）かもしれません。

「自分は絶対、誰のことも傷つけない」と決めているのは立派かもしれませんが、たとえ親子であろうと、夫婦や恋人、親友であろうと、相手は自分ではないのです。

「傷つく／傷つかない」の基準や受け止め方は、人によって異なりますし、どこにアンテナを張っているか、そのアンテナがどういうときに働くかも、人によってさまざまです。

それなのに、「自分がこういうふうな言動さえすれば、相手は絶対に傷つかない」と決めつけているとしたら、それは相手の感じ方をこちらが勝手に決めているという意味で、一種の思い上がりになります。

「絶対に、相手を傷つけてはいけない」と身構えるよりも、相手とのやり取りのなかで、その都度、お互いの気持ちなどを確かめながらコミュニケーションする。

相手としても、「そういうの嫌だよ」とか「そう言われると傷つく」とか「そういうふうに言われると不愉快だからやめて」と言ってくるかもしれませんし、そういうことを言い合える、風通しのいい関係のほうが、お互いに気持ちいいのではないでしょうか。

そういうのを聞いて「なるほど」と自分が納得するか、「ごめん。でも自分は傷つけるつもりはなくて、こういうつもりで言ったんだけどね」と伝えてみたいと思うか、など。

それに対し、自分は「絶対に傷つけてはいけないと配慮している」と思い込んでいると、「傷ついた」「嫌だ」などと言ってくる相手に対し、「こっちがこんなに気を遣っているのに！」「許せない！」といった攻撃にかられやすくなります。

相手に精一杯、気を配っているつもりが、攻撃的な《いばりやさん》になるのは、なんとも皮肉ですよね。

私は20代半ば頃、「みんなに良く思われたい」という気持ちがとても強くて、「絶対、誰も傷つけちゃいけない。私は不愉快なことをしてはいけない」と思い込んでいました。

4〜5人の場で、私が朝「おはようございます！」と挨拶すると、「園田くん、今日も大きな声で元気で気持ちいいね」と言う人もいれば、一方で「うるさいんだよ、大きな声で言うんじゃない」と言う人も。

私としては普通に声を出したつもりなのですが、そういうふうに意見が出てくると、じゃあ、どのくらいの大きさで挨拶すればいいのか？　ちょっと小さめの声にすると、「大きな声がいい」と言った人は聞こえないのか返事がないし、あれぇ……？　というかんじ。

それで、いつも相手に合わせて声の大きさをあらかじめ変えるようにしていたら、自分がとても疲れる。なので、「うるさい」とか「もうちょっと声大きくして」などのリクエストが寄せられたときには、一応、自分としてはこれくらいがどうかな、というので実行してみて、それで相手の反応を確かめてみるようにしました。

つまり、**相手がどういう感覚を持っているかは自分にはわからないのが当然ですから、相手に確かめるのがいちばん、というわけです。**

逆に、相手のことをわかったつもりになって、本人のやりたいことや求めてることとずれた言動になっているのだけど、互いに気がねして、そのことを伝え合うことができない。それで一見、平和が保たれているようでも本当のコミュニケーションにはなっていない。気がついたときには、いつのまにかもう埋めようのない溝ができている……。そういったケースもありがちです。

コミュニケーションは、難しいとも深いともいえます。ただ、幸いなことに練習するチャンスが山のようにある！　日々、その気になれば、アリーションの練習を実践する場がそこらじゅうに見つかるはずです。まさに、生活のあらゆる場が練習所です。

●ギャン泣き赤ちゃんのお母さんに、どう声をかけるか

私はふだん、車で通勤しているのですが、ある大雪が降った日に電車を使ったところ、電車が止まってしまいました。駅のホームに人があふれるぐらいの混雑具合で、ようやく電車が来たら、みんな我先に、と人を押しのけて乗りました。私も乗りおくれたら大変！　と必死に乗り込みました。

とにかく乗れてよかった、と思っていると、赤ちゃんがおそらく暑かったか苦しかったで、大声で泣きだしました。赤ちゃんの泣き声はどんどん激しくなっていきます。

周りは、それまで長時間、電車を待っていたせいもあってイライラ、カリカリした雰囲気。若いお母さんが「すみません、すみません」と何度も謝っている。赤ちゃんはギャンギャン泣いている。もう、あまりに気の毒なので、私は少し離れた場所にいたのですが、大きめの声で「お母さ～ん！　そんなに謝る必要はない！　この暑苦しいところで、赤ちゃんが泣くのは当たり前。きっと暑いんだから、上着を脱がせてあげたら～」と声をかけたのです。

すると、お母さんが「ああ！」と気づいたのか、赤ちゃんの服を1枚、脱がせたようで、少したつと赤ちゃんはあんまり泣かなくなりました。

自分としては、周りからじろじろ見られて恥ずかしくもなり、「すみません、おせっかいで、大きな声で言っちゃって……」と詫《わ》びたのですが、言わずにはいられないと感じた場面でした。

忙しい毎日を生きていると、どうしても私たちはカリカリ、イライラモードが強くなるかもしれませんが、そうやって**お互い近くの人に声をかけることが少しずつ増えていくと、少しゆったりと、お互いに気持ちよく過ごせるのでは、と思うのです。**

そして、こういうときに、「ああ、ふだんからアサーションの練習を心がけていてよかったな」と、しみじみ嬉しく思ったりもします。

6章

実践アサーション！

～気持ちを伝えるセリフは、
こう組み立てる～

アサーションの誕生と発展

●アメリカでの発端は、基本的人権の回復運動から

ちょっと教科書的な話をすると、アサーションは１９５０年代にアメリカで生まれ、少し遅れてイギリスにも生まれ、その後、１９６０年代～70年代に発展してきました。当時の社会的背景として、アメリカやイギリスでは、人種差別や性差別、障害を持っている人への差別がまだ根強くはびこっていました。たとえば黒人はバスで白人用の席には座ってはいけない、使うトイレは別、など。

そういった差別を乗り越えようと、社会教育を母体にして、基本的人権の回復運動が起こったのです。

ただ、その人種とは、目に見えないもの。「人間として生まれたからには、全員に人として尊重される権利がある。それは、男とか女とか、年齢とか人種とかは、関係ないよね。みんなに人権はある」ということを感覚的にわかっている人は、「人権」

という言葉をストンと理解できましたが、**ふだんから「自分は人として尊重されていい存在だ」と思えてない人に対しては、いくら人権という言葉を伝えても、その意味が伝わりにくい。**

また、たとえば「黒人は差別したっていい、どうせあいつらは奴隷《どれい》の出だ」といったような偏見を根強く持っている人に「そんなことありません。人種に関係なく、すべての人に人権があります」と言っても、なかなか効果がなかったのです。

それで残念ながら、「人権」という言葉は、当時、期待するほどには理解されず、浸透もしませんでした。

そこで、「人権」の説明だけでは抽象的すぎてわかりにくいから、もっと具体的に、みんながわかるテーマにしよう、ということで出てきたテーマが「コミュニケーション」です。コミュニケーションの練習を通して、**自分には大事な人権がある、相手にも人権がある、そして人として尊重されることがどれほど大事か**ということを学ぼう。

そういった流れで、アサーション・トレーニングが生まれてきたのです。

アサーション・トレーニングには、特定の創始者がいるわけでなく、また、特定の1つの流派があるわけでもなく、その頃に流行っていた心理学から、おもに3つ（「人間性心理学」と「行動主義」と「論理療法」）をベースにして、いろいろ使えそうなところをうまく取り入れて、アサーションの理論がつくられていきました。

●シャイな日本人向けにアレンジされた、現在のアサーション

アサーションが日本に入ってきたのは１９８０年代です。平木典子先生がアメリカのあるワークショップに参加され、「これはおもしろい」と学び、日本に持ち帰ってこられました。

ただ、アメリカは「言語化してなんぼ」の国ですから、現地のアサーションは「はっきり言うほうが勝ち。なんでも言葉にしたほうが望ましい」といったカルチャーのバイアスがあります。私も約20年前に、在外研究で1年間、海外に行けることになり、アメリカでいろいろなアサーション・トレーニングを受講しましたが、「この国でシャイな人は、日本で暮らす以上に、よけいにつらいだろうな」と感じました。

平木先生が日本にアサーションを導入なさるとき、アサーションに「言ったもの勝ち」のイメージが強かったら、それは日本人の良さや文化を失うおそれがあり、反感

も強いだろうということで、日本人に合うように修正や工夫を加えられたのです。そして、日本・精神技術研究所を1つの母体として、アサーション・トレーニングは教育、医療、看護、心理、産業、司法矯正などなど、いろいろな分野でその取り組みが積み重ねられ、展開されてきています。

当時、もう1つの流れとして、女性の正当な権利を主張する「フェミニストセラピー」の主宰グループが、イギリスから「アサーティブネス・トレーニング」を持ってきました。イギリスで有名な講師を日本に呼んだりなど、実践ワークショップを長年にわたり継続的にやってらっしゃいます。

たとえば、カップル間で「嫌なことは嫌」「暴力はやめて」と言えなかった人がちゃんと言えるようになるとか、職場でハラスメントをされたら「労働者の権利ですから」としっかりそれについて発言するとか、フェミニストに根ざしながら大事なことを目指しているグループだと思います。

簡単にまとめると、アメリカ、イギリス、この2つの流れを土台にわが国独自の味付けもされ、現在、アサーションは日本で多種多様に実践されています。

「言わないことを選ぶ」のもアサーティブ

●「怒り」を伝えるか、伝えないかの選択

では、「怒り」について、実際にどういうふうにすれば、アサーションの実践ができるのでしょうか。

左の図は、私が「怒り」をテーマに、ワークショップをおこなったときの資料をもとに作成したものです。まずは**「言うか、言わないか」**を自分で選ぶというところから、アサーションは始まります。

何かについて「怒り」を感じたとして、そのことは私の注意を引き続けるだけの価値があるか？　私のその怒りは八つ当たりなどでなく、正当性があるか？　私はその「怒り」についてちゃんと落ち着いてアサーションできるか？

これらの問いにすべて「はい」なら、アサーションする。

「怒り」とうまく付き合うためのチャート

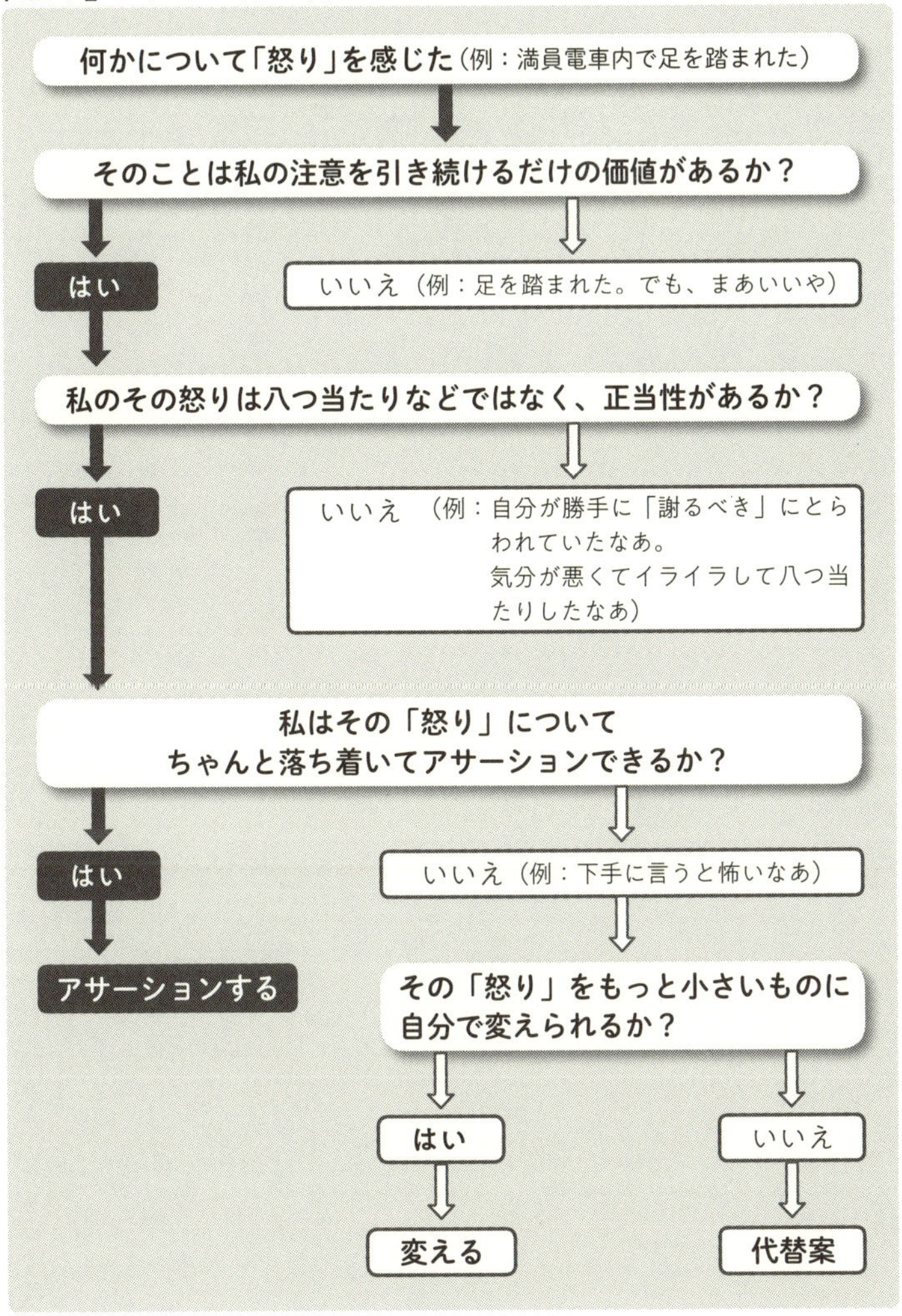

「いいえ」なら、その「怒り」をもっと小さくできるか、ほかの代替案があるかを考える。

アサーション以外の代替案としては、たとえば次のようなものが挙げられます。

「怒り」にとらわれすぎない工夫

- 「その考え、やめよう」と自分に言う。
- ほかのものに関心を移す。
- 深呼吸するなど、リラックスする。
- 自分を客観的に眺めるために、「さあ、まず落ち着いて」などの、自分への言葉かけをする。
- よけいに興奮させるもの（例：お酒など）に手を出さない。

関係の改善を図る

- 相手の話を決めつけずに、ちゃんと聞くようにする。
- 本物の忍耐を心がける（本物の忍耐なら、そのようにできる自分を自分で誇らしく思えるはず。「忍耐できる」と思っても、そう思うことでますますイライラしたり自己嫌悪にかられたりするなら、それは本物ではない可能性が大きいでしょう）。

● 本当に許せるなら、許すようにする（これも忍耐と同様に、「自分でそうしよう」と決めているか？　また、納得しているか？　がポイントになります。決意も納得もないまま、「許さなきゃ」「許すほうが大人だから」などなど、自分の本心にふたをするようなことをおこなうと、かえって気持ちがおさまらなかったり、いつまでもしんどい思いにいっそうからめとられたりしがちです）。

肯定的な態度を育てる

● ユーモアを持つ。

● 「今日が自分にとって人生最後の日」と思う。それなのに、こんなつまらないことで怒っていていいのか、などと自分に問いかけてみる。

●「言えずに悶々《もんもん》」と「あえて言わない」では、大違い

もしも、「このままでは嫌だな」という自分の気持ちを認めたとします。

次に、「相手にそのことを伝えたいか」を考える。

そのとき、もし、「いま相手に伝えるのは、怖い。伝えたらよけいに反撃されそうだから、いまは伝えたくない」と思ったとしたら、それはそれでOKです。

怒りというものは、常にその場で相手に伝えなければいけないわけではないのですから。


「時間とエネルギーをかける甲斐がない」という場合や「いま伝えたら危険」というときなど、いろいろ考えたうえで、あえて「言わない」ことを自分で選ぶのはアリです。これは単純に「言いたいのに言えない自分」とは違いますから、悶々《もんもん》とすることは、あまりありません。


たとえば、自分の行動に対して誰かが「チッ」と舌打ちをしたとします。

自分の怒りの気持ちにストレートに、即座に相手にそのことについて言うこともで

きる。

でも、そこで「今、言わなくてもいいか。あとで自分が落ち着いてから言えばいい」「周りにほかの人がいないところで、一対一になったとき言ってみよう」、逆に「2人きりのときは怖いから、ほかの人がいる場面で、『舌打ちされると嫌な気持ちになるので、やめてもらえますか』と言ってみよう」というふうに、その場で「言わない」という選択肢を、自分で選ぶこともできます。

「いま、ここで言わないでもいいな」と自分で選べたら、それは自信になります。

アサーションでは、「あえて言わない」を自分で選んでもOKなのです。

「言わない」と「言えない」は、1字違いであるものの、自分を自分で大切にするか、それともそうでない方向に自分を押しやってしまうか、その心理的意味合いはまったく異なります。

手順としては、次のページの図のようなかんじ。

まず、自分自身に**「この悶々とした気持ち、どうする？」**と問うてみる。

言う？　あえて言わない？　自分のなかの対話

自分：

この悶々とした気持ち、
どうする？

コーチ：

本当にいま伝えたいの？

自分：

気になるし、伝えたい。
どういうふうに
伝えたらいいかな？

コーチ：

自分では、
どうしたいって考えてる？

自分：

伝えたいけど、下手に伝えると
もっと反撃されそうで怖い。
だから、いまはパスする

コーチ：

それはそれでＯＫ。
でも、パスして、
あなたの気持ちは大丈夫？
持ちこたえられるの？

自分：

大丈夫そうかな

コーチ：

じゃあ、そうしよう。
それでまた、あなたの
気持ちを確かめてみて

自分：

オッケー、そうするね

自分のなかにいる、もう一人の自分（コーチ役のような、対話の相手のような自分です）がその問いに答える。

このように、2人でていねいにやり取りしながら確かめていくイメージです。

●「あえて言わない」を選ぶメリット

ある女性は、これまで《おどおどさん》スタイルで生きてきて、会社の愚痴や人間関係の不満があると、ツイッターに書き込むことで吐き出してきたそうです（SNSは、使いようによっては有効な発散方法かもしれません。自分のなかにずっとためておくのは苦しすぎるので、不特定多数の人が見る場所に、何か書きたくなるのでしょう）。

この女性がアサーションを学ぶなかで、ご自分を振り返り、「いま思うと、ちょっと幼稚だったかも。本当は自分の思ったことを直接に《怒りの対象》に言えてたら、その人との関係を絶対に改善できていたに違いない」と語っていました。

この方の思いは思いとしてよくわかりますが、こちらがアサーションで《怒りの対象》に自分の言いたいことを言ったら、必ず「関係を改善できる」か？　は、なんとも言えません。

相手のことは、自分の思う通りに変えられませんから。

ですので、彼女の発言を相手が良しとして受け止めてくれればいいのですが、**アサーションすると相手がよけいに不快な言動をしかけてきたりするときは、自分を守るという意味で、「言わない」を選んでもよいのです。**繰り返しますが、相手を自分の思う通りには変えられないのです。

私自身、アサーションを実践して変わっていくなかで、相手の反応はさまざまでした。ご自身の態度を少し変えるようになった方もいれば、なかには反発する方もいました。

「生意気になった、園田は。前は、何でも『はいはい』って言って、かわいかったのに。ほんと、おばさんになっちゃって」

「いま、〝おばさん〟という言い方はダメですよ」

「ほら、そういうところが生意気なんだよ」

といったかんじで、私がアサーティブになることを、なかには面白く思わない人もいるわけです。

知り合いの方で、「私はすごいでしょう、こんなに素晴らしい仕事をしている」としょっちゅう自慢する人がいたのですが、私はそんなにすごいとは思っていない。でも、ほかの人たちは「すごいですね、すごいですね」とお世辞がうまい。器用というか、要領がいいというか……。

だから、私が何も言わないでいると、その人から、「あなただけ、なんか違う顔してるわね」とかすぐ言われてしまう。

そこで私は、ほかの人と一緒になって、「すごいですね」とお世辞を言っていたわけですが、気持ちのうえでは、そういう自分を情けないと思っていました。

でも、アサーションを身につけたら、言いたいことを自分なりの表現で言うのがアサーションですから、「すごいですね」とか言いたくなかったら無理に言わなくてもいい、と思って、黙っているときも増えました。

それでも、**同じ「黙っている」という行為でも、「不快に思いながら黙っている」のと、「あ、もうそこ（その人にお世辞を言う土俵）には乗らない、と思って黙って**

いる」のでは、大きく違うわけです。

その人から見ると「黙っている」のでかわいげがないかもしれないけれど、自分自身の心持ちとしては、「これでいい」と自分にＯＫを出せるようになりました。

あとはその人のいる場をさりげなく離れたり、あるいは、ほかの人の「すごいですね」に「そうですね」とだけ、ひと言を言ったりなど、自分のレパートリーがずいぶんと広がりました。

いずれにしても、〝自分で選ぶ〟という点がポイントになります。

いざ実践！　4ステップに分けて「私の」気持ちを伝える

●「嫌なことは嫌、と落ち着いて言う」が基本

不愉快に思ったとき、私たちは往々にして、相手の行動を自分の思い通りに変えたいと願ったり、「あなたが間違っている！」と相手を一方的に裁きたくなったりしがちですよね。

でも、自分にできる基本の一歩としては、「嫌なことは嫌」と落ち着いて言うこと、そして相手に「どうしてほしいか」をわかりやすく伝えること。それがポイントです。

たとえば職場で、「〝雅代ちゃん〟と呼ぶのをやめて〝園田さん〟と呼んでほしいです。そうすると、もっと気持ちよく仕事ができます」などと伝えることです。

それでも反論されたら「正直、そう呼ばれると落ち着きませんし、腹立たしい気持ちがします。絶対にやめていただけますか？」などと、より明瞭に、かつ具体的に自

分の気持ちなどを伝えます。

ここで気をつけたいのは、相手への「命令」でもなく、「察してください（言わないでもわかるはず）」でもなく、気持ちをわかりやすく言語化して伝えること。

「命令」だと、相手を支配することになります。

「察して」だと、相手にただ一方的に期待することになります。

どちらも相手をコントロールしたい、自分の思い通りにしたい、という思いが含まれています。

アサーティブに伝えるときの実践方法としては、たとえば職場でしたら、4章で紹介した**「役割を生きる」**の考え方のもと、**「Iメッセージ」**を使うのが有効でしょう。

上司「園田、早くやれ。これを全部持って帰って、必ず月曜までにやってこい」

自分「私は、できたら休みの日はゆっくり家で過ごして充電したいので、申し訳ないですが、それはお断りしたいと思います」

「命令」でも「察してください」でもなくアサーティブに

上司からの命令に対して、「どうして私ばかりに言い付けるんですか！」「なんで○○さんは配慮がないんですか」などと《いばりやさん》で返すと、対決・争いモードになってしまいますが、「私はこうしたいです」と自分の気持ちをわかりやすく落ち着いて、つまり《さわやかさん》で言うようにすると、うまく伝わりやすいでしょう。

自分「そういう仕事のオーダーは、できたら月曜から金曜の、午前中に言ってもらえると、午後に余裕があるときにできるので、ありがたいです。これからは午前中に言っていただけますか」

こうして、**より具体的かつ現実的な提案**ができたら理想的ですね。

とはいえ、このようにアサーションしても、相手が期待はずれの応答を返してくることも多々あります。アサーションは相手に「イエス」と言わせるための方便でなく、繰り返しますが、自分と相手を共に大切にしつつ、コミュニケーションをしていこうというものなのですから。

●妻を「まるで豚みたい」と言う夫へのアサーション

ある方が、こんなエピソードを紹介してくださいました。

夫が人前で彼女のことを「こいつは家のなかで『疲れた』と言っては寝てばかり、まるで豚みたいなんですよ」などと言うとき、これまでの彼女は「嫌だな」と思いながらも、自分のその気持ちを夫に言えなかったといいます。

それで、あるとき「豚とか言われるの、私、嫌なの」と思いきって伝えたところ、夫は「バカだな。ユーモアじゃないか。そんなことを気にするなんて、お前はユーモアがわからない女だ」と一笑に付したそうです。彼女はモヤモヤした気持ちを持ちながら、その場では何も言えなかったとのこと。

後日、また夫の似たような発言があり、同様の「ユーモアだよ。そんなことをいちいち気にするなんてバカだ」と返されたとき、

「あなたにはユーモアかもしれないけど、私は嫌。（私は）ユーモアに思えないし、すごく惨《みじ》めな気持ちになる。だから、そういうことは言わないで欲しいの」

と口にできたといいます。

ご本人は、「Ｉメッセージで伝えるというのは、単純なハウツーや言い方でなく、もっと深いこと、自分をいとおしむことと思いました」と述懐されましたが、まさにそうだと感じます。

自分以外のみんなが、「いや、私たちはそう思わない」とか「そんなふうに思うの、君だけだよ」などと言うとしても、**「でも、私は、私の感じていることを否定しなくてもいい。だって、かけがえのないこの自分なのだし、私がそう感じてるんだから、いいよね」**と思えるようになる。

そうして、アサーションの方法が身につくこととあわせて、自己信頼感もいっそう育っていくようになります。

●DESC法で「怒り」を伝えるセリフをつくろう

ここまでの例を見てきて、「自分には、ここまで言えない。こんなふうに気持ちを整理したりできない」と感じた方もいらっしゃるかもしれません。

自分の言いたいことをつかんだり整理したりするには、「DESC《デスク》法」が役立ちます。これは、DESCという4つのステップで、自分の言いたいことを探していく方法です。

簡単に、一つひとつについて説明します。

ポイントとして、このＤＥＳＣ法には、自分の話し言葉で考え、セリフづくりをしていく、という特徴があります。

D（describe＝描写する）

自分が取り上げようとする状況や問題を描写します。

相手と共有できる「事実」だけを、客観的に、具体的に述べます。

推測や自分の主観（考え・気持ち・意見など）は入れないこと。

たとえば、相手に貸したお金がなかなか返ってこないので少々不愉快な場合、

例：自分「D　先月の集まりのとき、あなたに5000円貸しましたよね」

E（express＝表現する）

自分の考え・気持ち・意見などを（Iメッセージで）表現する。

Eには、おまけとして「empathize＝共感する」もありますが、これは無理に付け加える必要はありません。

例：自分「E　そのままになっていて、私は気になっているんです。こういうことを言い出すのもどうか、と思いながら、でも、これからもあなたと良いお付き合いをしたいと思っているので、言いました」

※共感を加える場合：自分「E　もしかしたら、突然お金のことを言われて、あなたは嫌なお気持ちかもしれませんが」とか、「なにか事情がおありなのかもしれないけど」

S（specify＝提案する）

相手に取ってほしい行動や、お願いしたいことなどを提案する。決して「命令」でもないし、「察してください（言わなくてもわかるはず）」でもない。

なるべく具体的で、現実的な、小さな変化ですむようなことを考えて、提案する。

例：「**S** できたら、今日、5000円を返してもらえますか」

C（choose＝選択する）

相手はこちらの提案について「イエス」または「ノー」の選択ができる、選択はお互い様という考え方です。なので、もし相手から「ノー」が戻ってきたら、次に自分はどうするか、何と言いたいかも考えておきます（例：より歩み寄れそうなことを考える、もう一度自分の気持ちを伝える、事実を落ち着いて確かめる、など）。相手も選べる、こちらも選べる、というわけです。

例：相手がイエスの場合…自分「C1　ありがとうございます」

相手がノーの場合…自分「C2　では、いつ返してくれるか、教えてもらえますか」または「C3　お金のことで揉《も》めたくないので、借用書を書いていただいてもいいでしょうか」など。

●時間を置いてから「あのとき、嫌だった」と伝えるには

ＤＥＳＣ法は、いまのような、自分の不愉快な気持ちを伝えたいときはもちろん、うまく伝えられるか不安が大きいとき、緊張しているとき、相手とある問題について真剣に話し合いたいとき、交渉したいとき、話が混乱・矛盾していてそれを整理したいときなどにも有効です。

職場の人間関係など、日ごろのためこみも多くなりがちなシチュエーションですと、家に持ち帰って考える時間もあるので、ＤＥＳＣ法はとりわけ有効になると思います。

C
S
E
D

その場ですぐにDESCで言えなくても、あとで「あの場はDESCで言うとどうなるか」など考えたり、実際にノートに書いてみたりするとよいでしょう（ただし、考えすぎて混乱して、しんどくなりすぎない程度に、です。「自分を大切に」がモットーなのに、かえってしんどくなりすぎたら、本末転倒になってしまいますので）。

たとえば、職場で上司から「おい、ちょっとそこのキミ」と言われることが多くて、嫌だなあと日々、感じている、という場合を考えてみましょう。

シミュレーション1：職場で上司から「おい、そこの」と呼ばれたら

自分「D いま、『おい、そこの』っておっしゃいましたよね。
E そういうふうに呼ばれると、私は嫌な気持ちがします。
名前で呼んでほしいなと思います。
S これからは〝○○さん〟と、名前で呼んでもらえますか」

（※E で自分の気持ちをわかりやすく言う。S で具体的な提案を述べる）

相手（イエスの場合）「わかった、わかった、悪かったねえ、名前で呼ぶよ」
自分「C わかっていただけて、ありがとうございます。これからも気持ちよく仕事ができてうれしいです」
相手（ノーの場合）「いやいや、そんないちいち目くじら立てることじゃないよ。忙しくて言ったまでだから」
自分「C そうかもしれませんが、私はやっぱり『おい、そこの』は嫌なので、これからは、どうぞ二度と言わないでください」

こんなかんじです。「えーっ⁉　恐ろしくて、ここまでは言えない」と思った方もいらっしゃるかもしれませんね。

ここで挙げた例文は、あくまで一例です。「そこまで言う必要があるかな？　私なら、別の言い方をしたいけど……」などと思うのは当然ですから、ご自身にとってしっくりくる表現を探ってみてほしいと思います。

また、ＤＥＳＣ法は、友だち同士でなかなか言いたいことを言えない……というときにも有効です。

たとえば大学生ですと、**ノートや本などのモノの貸し借り**で、トラブルが起きやすい。「試験前なのにノートを貸したら返ってこない」「本人の了解がないまま、又貸しされちゃってる」「頼まれて貸してあげた本をなくされてしまった」「貸した本が汚れて返ってきた」など、よくあるケースです。

貸したものを又貸しされて、かなり汚れて返ってきた場合。そのときは何も言えなかった。そして、その後それを見るたびに、「嫌になっちゃうなあ。もっと怒ったり、相手にはっきりと言ったりしてもいい場面だったかも……」と後悔する人もいます。

2章で解説したとおり、「怒る」というのは急にヒートアップするのでなく、最初は「嫌だなあ」とか「ちょっと困る」「不愉快だなあ」という感覚からスタートします。その段階でうまく言えるといいですよね。

ここでまた、私自身の若かりし頃のエピソードを紹介します。

趣味でコーラスをやっていたときのこと。発表会などの衣装は上が白いブラウス、下は黒いスカートでした。

ある方が、私が持っていた白いブラウスを見て「それ、しゃれているから、貸してほしい」と言ったんです。私はその会には出ない予定でしたから「どうぞ、どうぞ」と貸したら、後日、洗濯もしないで汚れたまま返ってきました。

クリーニングに出せとまで言わないし、おうちで洗濯でもいいけれど、明らかに洗濯してない状態で返されて「汚れたままだ……。やっぱりちょっと嫌だなあ」と感じたんです。

でも、当時はまだ、そういうことを率直に言っていいとは自分が思っていなかったのと、その方とそれほど仲良しではなかったので、「下手に言ったら申し訳ないかなあ」「何と言っていいかもわからないし、相手に恥かかせてもまずい」「関係が悪くなったらいけないし」などと思った。

しかも、返してくれるときに、小さなかわいいお菓子をくれたんです、「ありがとう」と言って。だから「きっとこれはお礼だろうから、ますます言えないなあ。お菓子もらっちゃってるし」と、ごちゃごちゃ考えて、結局何も言えないままでした。

あのときの私が、もしDESC法を学んでいたら、こんなかんじで言うかもしれません。

シミュレーション2：貸したブラウスが汚れて返ってきたら

自分「D この前、ブラウス返してくれましたよね。
E 返してくれてうれしいんですが、なんか私には汚れてるように見えて、正直言って気になっているんです。
S 今度会ったときにお渡ししますので、できたら洗濯してもらえますか？」

（※Eで「汚れたまま返したでしょ？」と言うと、YOUメッセージになってしまうので、あくまでIメッセージで自分の気持ちをわかりやすく伝えます。
Sは、できればここまで言えたら理想ですが、この通りに言うのはちょっと難しいかもしれません。相手にわざわざ洗濯させることになるから、人によっては「そこまで言うんかいな」と抵抗を感じるかもしれませんね。そこで、レパートリーを増やすため、別の提案例も考えてみます）

自分「S2 ここ、ちょっとシミがついてるように思って気になるんです。クリーニングに出すので、クリーニング代出してもらっていいでしょうか？」

（※さあ、ここで相手がどう出るか？）

相手（イエスの場合）「うん、わかった、ごめんね」

自分「C ありがとう、言ってよかった。聞いてくれてうれしいです」

（※相手がイエスであれば、ひと言、こんなかんじで言えばＯＫ）

相手（ノーの場合）「え、汚れてないよ。そんなの気にしなくたって大丈夫、汚れてないわよ。クリーニング代なんか請求して、○○さん、なぁに」

自分「C そうか、私はちょっと気になっちゃって、やっぱりクリーニング代ほしいんだけど、無理ですか？」

（※相手が期待はずれの反応をしたときにはCのようにもう１回言ってみるのもいいでしょう。それで断られたら、そこまでかもしれませんが、さらに、次のように加える手も）

自分「Cの続き こういうことがあると、これから何か貸してって言われても、申し訳ないけれど、私はもう貸せないと思います。いまそういう気持ちでいるので、そこのところはどうぞご理解くださいね」

（※これを最後に言うか、言わないかで、ずいぶんこちらの心持ちが違います。《おどおどさん》だと「こんな扱いをされて。貸した自分がバカだった」と、本当に自分を呪ってしまうこともあるでしょう。そういうとき、自分の気持ちや相手にどうしてほしいかを整理したりするだけでも、自分の背すじがピンと伸びるような気持ちになるはずです）

もちろん自分が困っている事実が変われば、いちばん理想的です。汚れていたブラウスを「じゃあ洗濯するね」とか「クリーニングに出す」と言ってくれて、きれいになるのがいちばん望ましい。けれど実際は、そういうふうにはいかないことも多々あります。

でも、**仮に事実が変わらないとしても、そこまでDESCで伝えられたら、自分自身の心持ちはおおいに変わる**はずです。

●「あなたが怒鳴った」は、事実か、気持ちか？

DESC法は、**D**（事実）と**E**（自分の気持ち）を分けるのが難しいといわれています。

たとえば相手から大声で何か言われたとき、「あなたが私を怒鳴った」とDに分類して述べてしまいやすい。

ですが、冷静に分析してみると、「あなたが怒鳴った」というのはあくまで自分の受け止め方であって、主観が交じっています。ここでの事実は、「あなたはいま大きな声で○○と言った」ということにすぎません。

また、相手からじろっと見られ、睨《にら》まれたように感じたとき、「あなたがじろっと睨んだ」というのも、自分と相手が共有できる事実かというと、微妙です。そのときの事実は「あなたがこちらを見た」ということだけです。そしてEで、「私は睨まれたと感じて、落ち着かない」となります。

こうして、Dを言語化するという最初のステップにおいて、主観や自分の読み取り方、自分の気持ちがそこに入ってしまい、それを「事実」だと捉えてしまうと、ストレスもたまりやすくなります。

ですから、**DとEを分けるのも、1つの大切な練習**となります。

たとえば、相手が自分のことを見て笑って、「バカにされた」と感じた場合、自分「D　○○さんは、こっちを見てバカにして笑った」

などとDとして言いたくなります。そうしたらそこに、コーチがすかさず登場して、

コーチ「待て、待て。いまのところはそれでいいかい？　DとEでしっかり分けると、どうかな？」

と自分に問いかけてみる。

相手に笑われて「バカにされている」と感じた理由が、①「○○さんが『△△さんってまぬけよね』と言って笑った」からなのか、もしくは②「○○さんがこちらを見て笑った（それでバカにされていると感じた）」からなのかでは、そもそも「事実」が異なりますね。

もし、①だとしたら、

自分「D　○○さんは『まぬけよね』と言いながら笑いましたよね。

E『まぬけよね』って笑われるのは、私は不愉快に感じます。

S そういうことは、しないでくれますか」

そして②であれば、Dにあたるのは「こちらを見て笑った」ということだけですから、次のようになります。

自分「D ○○さんはこちらを見て笑いましたよね。

E 私はバカにされたように感じて、不愉快に感じます。

S そういうことは、しないでくれますか」

このようにDでは、**自分と相手が「それはそうだね、事実だ」と共に確認できることが必要**であり、そうでないと、いくら相手と向き合おうとしても、はじめからボタンのかけ違いが生まれ、コミュニケーションは困難になってしまいます。

●最初に「事実」の共有をしておく

映画館やコンサート会場など「音」を楽しみたい場所で、近くにうるさい人たちがいて迷惑……というのも、よくあるシチュエーションではないでしょうか。

たとえば映画館で、予告編のあいだじゅう、隣の人たちがずっと大声でおしゃべりしている。とはいえ、「まあ、予告編だから」と我慢していた。でも、本編が始まっても、まだしゃべっている。だからこちらはイライラするし、腹立たしい。

そんな場面で、DESC法を使って相手に注意してみる方法を考えてみましょう。

シミュレーション3：映画館で隣の人たちがうるさい！

自分は腹が立っていますから、「うるさいんだけど！」と大声で注意したいところかもしれませんが、それでは相手もビックリします。相手によっては、ひょっとすると反撃が返ってくるかもしれません。まずは**D**（事実）を隣の人と共有することが肝心。ここでの**D**は「本編が始まっていること」で十分です。

自分「D 本編、始まりましたね。
E 私、この映画、落ち着いて観たいので、ちょっとおしゃべりに困っています。
S おしゃべり、やめてもらえますか？」

相手（イエスの場合）「あ、ごめんなさい」
自分「C どうもありがとう。聞いてくれてうれしいです」
相手（ノーの場合）「いや、私たちそんなうるさくないし」
自分「C じゃあ、しゃべるならロビーに行ってしゃべってくれますか？」
または、相手の「ノー」に対してちょっと変化球で、
自分「C では、私が席を移るから、その長い脚、どかしてくれますか？」

と言うのでもアリです。

「自分は悪くないのに、自分のほうが移動するなんて悔しい」という気持ちがわくかもしれませんが、ここでは相手をいま、変えさせておしゃべりをやめさせることより、少しでも映画に集中できるように工夫した方が得策でしょう。

もし、映画館が満席だったり、指定席だったりして移動できないというときは、やはり「C じゃあ、ロビーに行ってしゃべってくれますか?」と言うしかありませんが、相手がさらに「ロビーになんか、行くもんか」と言ったら、「そうですか、じゃあ、すみません」と映画館のスタッフを呼んで注意してもらうのもいいでしょう。

それ以上、そこでやり取りをしていてお互いに感情的にエスカレートしては、元も子もありません。

映画1本、約2時間、嫌な気持ちをためこんだまま我慢して観るなんて、避けたいですよね。また、映画を楽しみに来たはずが、いつのまにか相手と争っているなんてことも避けたい。だとしたら、自分が席を動くこともふくめて、いろいろなDESCがありそうです。

D（事実）の共有で、同じ「土俵」に乗る

お相撲さんは取組をするとき、土俵に上がってすぐに蹲踞《そんきょ》（ひざを開いて深く曲げた姿勢）をするのではなく、塩をまいたり四股《しこ》を踏んだりといった準備をします。

こうして、まずは相手に同じ土俵に乗ってもらう。その準備が、DESC法のDにあたります。何はともあれ、相手が土俵に乗ってくれないと、話が始まらないわけですから。

たとえば、職場のこんなシチュエーション。

上司「この仕事、『ちゃんとやって』って頼んだよね？」
部下「ちゃんとやってます」
上司「えっ、ちゃんとやってないでしょ？」
部下「ちゃんとやってます！」

こういうやり取りにおいて、「仕事をちゃんとやる」という言葉は一緒ですが、上司と部下で、それぞれ「ちゃんとやる」の基準が違っていて、まったく噛《か》みあっていません。

「仕事を早くやる」「早く仕事をやって」といった表現もよく使われがちですが、人によって速度が違うし、やり方も大きく違うかもしれません。

まず事実の共有ができていないと、いくらエネルギーを使って「ああだ、こうだ」と言っても嫌な気持ちが募るだけで、お互いに折り合いがつかないのです。

「ノート、早く返して」とか「このブラウス、シミがついてるんだけど」といったことを気軽に言える関係だったらいいのですが、そうでない場合、自分も落ち着いて事実を押さえる必要がありますし、相手にもこちらとのやり取りをする準備をしてもらわないといけません。

まずは、「D ノート、貸したよね」とか「D 貸していたブラウス、今日返してくれましたよね」などと、相手と共有できる事実を言うことで、相手にも、こちらとのやり取りをする準備をしてもらうわけです。

ＤＥＳＣ法の練習でよく出される例題のひとつに、「生ゴミを出すのは何曜日なのに〜」というものがあります。

今日は月曜。「私」が住んでいる地域は、火・木曜だけ生ゴミが出せる。それ以外の日に出すと、カラスが荒らしたり、季節によっては悪臭がしたりする。「私」の家の前がゴミ収集所になっていて、「ほかの住人が火・木曜以外に生ゴミを出すと、不潔になるから嫌だな」と日ごろから感じている。

そんな折、今日は月曜なのに、生ゴミを出そうとしている人をたまたま見つけた。

さあ、ＤＥＳＣ法を使って自分の気持ちを言ってみると、どうなるでしょう？　といったような練習です。

シミュレーション4：生ゴミを出すのは火・木曜なのに…

自分と相手とが共有できる事実として、

自分「Ｄ 生ゴミの収集は、火曜と木曜ですよね」

というセリフをつくる人もいれば、もしかすると相手の人が生ゴミの日をよくわかってないのかな？　月曜と火曜を勘違いしちゃったかな？　などと考えて、

自分「D　今日は月曜ですよね」

と、そこだけにとどめる人もいます。

たしかに、相手が曜日を知らなかったら、いくら「生ゴミの収集は火・木曜ですね」と言っても、事実の共有ができなくなるわけです。そこで、

自分「D　この地域は、生ゴミの収集は火・木曜ですけれども、ご存じですか？」

という質問形式にする人もいます。

質問してみて、相手が「知ってる」と言ったら、

自分「E　今日は月曜日なので、生ゴミを出していただきたくないのですが……」

と、ていねいに話してみましょう。
相手が「知らなかった」と言ったら、
自分「D ここは、じつは、そうなんですよ。
E なので、すみませんが、月曜日の今日は出してほしくないんです。よろしくお願いします」

と、ここでもまた落ち着いてていねいに前提を確認します。
こうすることで、「けしからん！ 収集日でない日に出して！」などと無用な怒りにヒートアップすることを避けられます。曜日を間違えて、「えっ、今日は火曜だと思ってた」という相手も、もしかしたらいるかもしれませんから。

さきほどのブラウスの例（シミュレーション2）で言えば、相手にとってシミに見えないとしたら「これ、シミついてますよね」というのは、2人の間で共有できる事実にならない可能性があります。

そこで、確実に共有できる事実として、

自分「D 今日ブラウスを返してくれましたよね」

とだけ言ってみるなどの工夫もありえます。

●自分のなかで折り合いがつくだけでも、上出来です

共有できる事実を伝える。

「私の気持ちは、私のもの」と考えて、「嫌なことは嫌」と落ち着いて言う。

相手にどうしてほしいかを具体的に提案する。そのとき相手への「命令」でもなく、「察してほしい」でもなく、わかりやすく言う。

そして、相手が「イエス」でなく「ノー」を言ってくることもあらかじめ踏まえておく。

DESC法をまとめると、こんなふうになります。

おそらく、多くの《おどおどさん》にとっては、自分のなかで悶々と考えれば考えるほど、ツラくなるのではないでしょうか。

「こんな対応をされて、私はなんて不運なんだ」

「何なの、あの人の、あの対応は⁉」

などと、自分のなかにためこんでずーっと引きずってしまう。そんなときに、DESCを使って表現をしてみると、「やるだけやった」と気持ちもおさめやすくなります。

「自分が考えうることはやったから、まあいいか。じゃあ、もう、これでいいな」などと考えて、自分で「いまはこれで良し」と言ってあげられるかんじがあれば、自分のなかで折り合いがつきやすいのです。

いつまでも「何なのよ」と不快感を引きずっている状態よりも、はるかに気持ちがラクになるでしょう。

なお、「私がこれだけていねいに言ってるんだから、相手は絶対にイエスって言うべき」などと「べき思考」でいると、いざ相手から「ノー」と言われたときに、「プツン！」と怒りが沸騰して、「ここまでていねいに言ってるのに、何なのよ！　ノーって言うなんて、許せない！」と一気にヒートアップしてしまうこともあります。

自分のSの提案に対して、相手から、期待はずれの「ノー」もありえる。その可能性を予想したり受け入れたりすることは、人によっては試練に思えるかもしれません。でも、世のなかにはいろいろな人がいますし、いろいろな反応もあります。自分がすべてをコントロールすることなどできないわけです。

そう思って準備していると、「『ノー』が戻ってきたら、次に私はなんて言おうか。どう言いたいのか」と、余裕を持って考えやすくなります。

シミュレーション5：貸したものを返してくれない相手に…

自分「D　○○をお貸ししてますよね。
E　ずっと返ってこないので、私は気になってます。
S　なので、次回の集まりには必ず持ってきてくださいね」

相手（イエスの場合）「わかった、持ってくる」
自分「C ありがとう」
相手（ノーの場合）「いや、あれはまだ使っているし、まだ返せない」
自分「C 自分にとっても大事なものだから、一回持ってきてくれますか。そのあと、
　また貸すか貸さないか、考えてみたいと思います」

　ここでのポイントは、**「DESCで伝えさえすれば、相手の行動は変わる」と思い込まないこと**です。

　こちらの気持ちを伝えることや提案をわかりやすく述べることによって、相手が変わってくれることも、もちろんありえますが、その保証はありません。「相手が変わってくれたらラッキー」くらいの構えでいるほうが、自分としても結果的に気持ちがラクなはずです。

　私自身もアサーションを学んでいくなかで、DESCをはじめとして、自分の表現

のレパートリーが増えていき、困った場面や自分の怒りについて、対処しやすくなったと実感しています。もともと自分が持ち合わせていた表現に加えて、得意な言い方、伝え方が増えるというのは、とても便利ですし、自分にいっそう自信がつきます。

たとえば、ふだんの自分がさらりとした「和食」だとしたら、「洋食」も、「イタリアン」も、ちょっとこってりした「中華」もいけます、といったように、表現のレパートリーを増やしていくかんじです。

●最初の練習は「怒り」以外のほうがハードルは低い

このDESC法は、先に述べたように、怒っていないときでも使えます。あらゆる感情のなかでも、怒りというものの扱いがいちばん難しいとされていますから。DESC法の練習は、怒り以外の感情を扱う練習から始めるほうが、ハードルが低いかもしれません。

たとえば、会議で相手と話が食い違ったときに、次のようなかんじでたずねてみてはどうでしょう。

自分「D いま、Aさんが○○って言いました。
E 私が事前に聞いていたのと話が違うので、戸惑ってますし、困ってるんです。
S ○○について事実を確認していただけますか？」

ほかには、交渉ごとでも使えます。
たとえば、仕事の仲介人から「向こうの人は『この仕事を手伝ってくれたら3千円あげる』って言ってるよ」と聞いて仕事を受けたのに、終わったら2千円しか支払ってもらえなかった、という場合。

シミュレーション6：事前に聞いていた話と違う…

自分「D この仕事は3千円で、と○○さんが言っていたんですが、
E いただいたのは3千円じゃなかったので、あれ？　どうしたんだろうな？って、いま、ちょっと不可解な気持ちがしています。

Ｓ できたら、約束の3千円、いただけますか」

相手が「イエス」ならそれで解決ですが、もし相手が「ノー」だとしたら、

自分「Ｃ 今回、2千円になったことを説明してもらえますか」

こんなかんじで、相手に取ってほしい内容を具体的にわかりやすく伝えます。

●人間関係に不和が起こったときこそ、アサーション実践のチャンス

家族、親子、恋人、友人など……親しい関係において、自分の思うように相手が変わらないとき、どうするか？

状況や相手によって「許せない！」とこだわるときもあれば、「もう知らない。もうあの人とは関係ないから」と、極端に切り捨てたくなってしまうようなときもあるかもしれません。

また、その2つを行ったり来たりする、という場合もけっこうありますね。

こういう場合、《おどおどさん》タイプはただひたすら自分でためこみ、我慢しがちです。そこで怒りをためこんでいれば、言うときにはどうしても《いばりやさん》や《いんけんさん》のような言い方になりがちでしょう。

また、そのまま「知らない。関係ないから」でいられるかというと、そんなこともない。やはり何か言いたくなってきて、どこかで爆発することも起こりがちです。


4章で「役割を生きる」の話をしましたが、家族関係や友人関係というのは、仕事上の取引関係と違って、はっきりと役職や肩書きのついた役割を求められるわけではありません。


ですが、人間関係には、一般に**パワーバランス**というものがあり、時に2人のあいだで「リーダー」と「フォロワー」の役が固定的に分かれたり、あるいはリーダーを2人で争い合うみたいな関係になったりする場合もあります。

また、ある人とは1対1だったら落ち着いた関係でいられるのに、そこに別の人が加わって3人以上の関係になるとバランスがくずれて揉《も》めごとが起こったりする。こんなケースもけっこうありえます。

人間関係のパワーバランスは、ただ機械的に「何でも対等であればいい」ともいいきれません。もし「リーダー」や「フォロワー」の役割が決まっていたとしても、2人がそれで互いにハッピーなら、他人が何か口出しすることではないでしょう。

たとえば恋人や夫婦で、「リーダー」役と「フォロワー」役に明らかに分かれていて、「いつも男性が女性をリードして物事を進める。女性はいつもそれに従う」といった関係のカップルもいるでしょう。

逆に、「かかあ天下」パターンや「世話やき女房」型のカップルもあります。

それでお互いに心地良いのであれば、他人がどうこう言う問題ではないのです。

けれども問題になるのは、**「そういう関係では満足できない」とか「いままではそれでよかったけど、違和感や不自由なかんじが出てきた」というときです。2人で向き合って、いままでの関係を柔軟に変えていけるかどうか。**

これはカップルの話だけでなく、親子関係にも典型的で、最初は「しっかりした親」と「親から何でも教わる子ども」という関係だったのが、子どもが成長して、生意気になったり反抗期になったりもしていく。

このように子どもがだんだん成長していく段階で、親のほうがうまくそれにあわせて自分の考えや役割をシフトしていけるかどうか。

「子どもには、いつまでも私の言うことだけを聞いて、いい子でいてほしい。そうじゃないのは認めがたい」となると、子どもに負担がかかり、親子関係の風通しが悪くなりがちです。

カップルであれ親子関係であれ、また友だち関係であっても、互いの関係が不自由で窮屈なのに、それをただ我慢するのはストレスです。できたら、お互いに気持ちを伝え合って、互いに少しでも居心地の良い関係をつくっていけるといいですよね。

なので、**不快感や心地悪さなどを相手にうまく伝えられたらいいですね**、とアサーションでは考えます。怒りにしても、それが小さいうちに小出しにできるとよい。

怒りを小出しにする利点は、肝心の自分自身が相手に何を言いたいのか、自分で把握しやすいという面があります。ＤＥＳＣも考えやすい。

逆に、怒りをためこんでいると、自分の気持ちが自分でわからなくなり、怒りは異物化・怪物化していきやすい。

「何について自分は怒っているのか？」

「相手に何を伝えたいのだろう」

「さしあたって何がどうなれば、自分は少しでもOKに思えそうか」

など、自分にこういった問いかけをすることは、怒りの気持ちのアサーションへの大切なステップ。と同時に、自分とうまく付き合っていく、つまり**自分で自分を大切にする**という、アサーションの基本的な態度を日常のなかで育てていくことにほかなりません。

ただ、たいていの人は、怒りの小出しは得意ではありません。

とくに《おどおどさん》スタイルの強い人は「相手とぶつかりたくない」という思いが強く、自分のなかにためこみ、それでだんだん気持ちが重たくなったり、しんどくなったりして、思いあまって相手から離れたりもしやすい。

「離れるのが、いまの自分にはベスト」とよくよく考えたうえで離れることは、別に悪いことではありません。そこでも無理してまだ「相手と一緒にいなきゃいけない」

などと思って、ストレスでどんどん心身の調子を悪くするよりは、その場合、離れるほうが健康的といえます。

ただ、「何も言えない」とはじめから決めつけたまま、一方的に「私が悪い」と自分を責めたりだけして、相手と離れるのはツラすぎます。

なので、親しい2人の関係において「このままでは不自由」とか「どこかしら窮屈」「ちょっとやりづらい」という感覚が生まれてきたときに、2人のあいだでそれをシェアして話し合えるか。それに向けて、できたらアサーションを、とくに本章のDESC法を少しでも心がけて使っていただけたらと願うものです。

日々の生活のなかで、アサーションの練習のチャンスはいっぱいあると思います。DESC法で考えたり、それを実践したりする場面もいろいろあるはずです。ぜひ気長に実践してみてほしいと思います。

そのときに「練習しようとしている自分はエライよね」などと、自分をほめながら練習をしていただきたいです。

実践ノート：自分のＤＥＳＣを話し言葉でつくってみよう

どんな場面で

D：相手と共有できる事実の描写

E：自分の気持ちや意見を《さわやかさん》で表現

S：相手にとってほしいことなどをわかりやすく提案

C：相手も自分もお互いに選択

- **相手が「イエス」の場合**

- **相手が「ノー」の場合**

おわりに――自分の「怒り」とうまく付き合えたら

本書タイトルの〝「私を怒らせる人」がいなくなる〟の意味、本書をすでに読んでくださった方には伝わったのではないかと思います。

そう、「私を怒らせる人」を魔法のようにすべてなくそうとか、あなたが怒っている相手を、こちらの思い通りの人間に一挙に変えよう、といったことではありませんでした。

また、「怒りの気持ちを持つなんてバカバカしいから、怒るのをやめよう」という話でもありませんでした。

ひと言でまとめると、皆さまに、自分の「怒りの気持ち」とうまく付き合うようになってほしい。そしてその気持ちを相手に伝えたいときは、上手にコミュニケーションしてほしい。なぜなら、怒りをうまく伝えられることで、相手とのより良い関係が生まれるかもしれないし、またご自分への自信も育てやすいから。

これが本書の主旨でした。

そう思うのは、本書でも何回か述べましたが、私自身が、怒りの気持ちとの付き合い方がとても下手な人間だったからです。

そして、アサーションを通じてその表現が徐々に上手になるにつれ、自分を前よりも好きと思えるようになり、また、なんといっても、人間関係のストレスがぐっと減るようになっていったからです。

生きるのがラクになったというと、少しオーバーに聞こえるかもしれませんが、実感としてはそんな感じです。

でも、自分の怒りの気持ちと付き合うのは、なかなかしんどいことも多いので、皆さまには、気長に練習をしていっていただきたい。

そのときに、「練習しようとしている自分はえらいよね」と、自分への良きコーチにも、どうぞなってあげてください。

ご自分の変化を急には感じられないかもしれませんが、きっといつか、「あれ、前よりも人間関係がラクだなあ」とか、「本当だ。怒りの気持ちを表現することで、相手ともっと良い関係を築くこともできるんだ」などと実感されるときがあるのでは？と思っています。

なおここでひと言、申し添えたいことがあります。

本書で出てくるいろいろな方のお話は、本に載せることをご本人から了解を得ていたり、あるいは、誰のことかについて絶対にわからないよう、いろいろな脚色などを加えたりしています。

なので、もし「これ、○○さんのこと？」とか、「ひょっとして自分のことを書かれた？」などと思われる方がいたとしても、それはまったく違いますので、どうぞご放念ください。

また、私自身の例を書いている場合も、お相手や、その場所などについて、いろいろな変更を加えております。このことも、どうぞご承知くださいますよう。

最後に、本書に関して、特に感謝を申し上げたい方が、お二人おられます。

まず、アサーションの師、平木典子先生。私がアサーションに出会ったり、意欲的に学ぼうとしたりできたのは、ひとえに平木先生のお陰あってこそ。今回、この「怒りの気持ち」を主題に本書を書くことを勧めてくださったのも平木先生でした。改めて、心より御礼申し上げます。

また、本書をこの世に生み出すために、良きお産婆さんをしてくださった青春出版社編集部の石井智秋さん。石井さんと一緒に「怒りの気持ち」や「怒りの表現のあれこれ」について話し合えた時間は、とても楽しく刺激的でもありました。石井さん、本当にサンキュー！　です。

皆さまにとって本書が役立つものであることを、心底、願っております。

２０１８年11月

園田雅代

著者紹介

園田雅代　臨床心理士。創価大学教育学部ならびに大学院教授。東京大学教育学部教育心理学科卒業、教育学研究科教育心理修士課程修了。大学で教鞭を執るほか、日本・精神技術研究所や各種のワークショップで「アサーション・トレーニング」の講師を務める。アサーション・トレーナー歴、約30年。また、自らも臨床心理士としてカウンセリングをおこない、その明瞭でやわらかな語り口により、クライエントの信頼を得ている。

監修本に『イヤな気持ちにならずに話す・聞く アサーション』（合同出版）、共著に『臨床心理学とは何だろうか』（新曜社）などがある。

本書では、怒りの気持ちの根底に「もっと自分をわかってほしい」といった、相手への願いが潜んでいることが多い点に着目し、怒りの気持ちの伝え方や、よりよい人間関係のつくり方を明かす。

「私《わたし》を怒《おこ》らせる人《ひと》」がいなくなる本《ほん》

2018年12月1日　第1刷

著　　者　園《その》田《だ》雅《まさ》代《よ》

発 行 者　小澤源太郎

責任編集　株式会社 プライム涌光
電話　編集部　03(3203)2850

発 行 所　株式会社 青春出版社
東京都新宿区若松町12番1号 〒162-0056
振替番号　00190-7-98602
電話　営業部　03(3207)1916

印　刷　中央精版印刷　　製　本　大口製本

万一、落丁、乱丁がありました節は、お取りかえします。

ISBN978-4-413-23107-7 C0030